宝藏级的速算书

开心速算

第二版

刘开云 王毅 编著

电子工业出版社
Publishing House of Electronics Industry
北京·BEIJING

内 容 简 介

本书按照"题型（题目特征）→算法→算理（为什么能这么算）→例题→练习"的顺序安排内容，将化归、分类、综合、数形结合、逆向、发散等数学思想方法贯通全书，力求提高辨析力和决断力。像 16×18、32×38、$724\div25$、879×999、$836\div11$、68×72、27×78、97×94、47^2、118^2、$\sqrt{7569}$、$\sqrt[3]{39304}$ 类型的题目，掌握了计算诀窍，即可轻松口算出结果。

针对主要知识点，本书配有 30 段视频讲解。想学什么内容，只要扫一扫书中的二维码，随时可以一对一地跟随作者学习。

未经许可，不得以任何方式复制或抄袭本书之部分或全部内容。
版权所有，侵权必究。

图书在版编目（CIP）数据

开心速算 / 刘开云，王毅编著 . — 2 版 . — 北京：电子工业出版社，2021.7
ISBN 978-7-121-41316-2

Ⅰ . ①开⋯　Ⅱ . ①刘⋯ ②王⋯　Ⅲ . ①速算 – 小学 – 教学参考资料　Ⅳ . ① G624.563

中国版本图书馆 CIP 数据核字 (2021) 第 116370 号

责任编辑：贾　贺（2220510762@qq.com）
印　　刷：北京市大天乐投资管理有限公司
装　　订：北京市大天乐投资管理有限公司
出版发行：电子工业出版社
　　　　　北京市海淀区万寿路 173 信箱　　邮编：100036
开　　本：720×1 000　　1/16　　印张：9.5　　字数：152.00 千字
版　　次：2017 年 3 月第 1 版
　　　　　2021 年 7 月第 2 版
印　　次：2021 年 7 月第 1 次印刷
定　　价：42.80 元

凡所购买电子工业出版社图书有缺损问题，请向购买书店调换。若书店售缺，请与本社发行部联系，联系及邮购电话：（010）88254888，88258888。
质量投诉请发邮件至 zlts@phei.com.cn，盗版侵权举报请发邮件至 dbqq@phei.com.cn。
本书咨询联系方式：2220510762@qq.com。

再 版 前 言

数学是科学的语言，计算是数学的精华。本书与你共同探讨高效实用、简单易学、终生受益的计算诀窍。

我们先来看看下面的题目：

(1) 16×18　　　　　(2) 32×38

(3) $724 \div 25$　　　　　(4) 879×999

(5) $836 \div 11$　　　　　(6) 68×72

(7) 27×78　　　　　(8) 97×94

(9) 47^2　　　　　　　(10) 118^2

(11) $\sqrt{7569}$ （平方根为两位数）

(12) $\sqrt[3]{39304}$ （立方根为两位数）

"立刻"口算出答案，这可能吗？完全可能！只要掌握了计算诀窍，就能轻松算出。

本书按照"题型（题目特征）→算法→算理（为什么能这么算）→例题→练习"的顺序安排内容，将化归、分类、综合、数形结合、逆向、发散等数学思想方法贯通全书。打开记忆宝库，拓展计算空间，随心转换算式，化繁为简，寻找简单、更简单的计算方法。在追求方便易行、灵活快捷的计算中，开放思维，激发灵感，在既定的规则中释放富有生机的发现与创新！

有人说，现在计算器、智能工具如此普及，动动手指就出答案，不必太重视计算。真的吗？生活中处处有计算，不可能随时随地依靠计算工具，速算得出答案很实用。重要的是，计算是学习数学和其他学科的基础。计算能力强的同学，作业节约时间，考试赢得时间，学习轻松、成绩优异、兴趣盎然。

计算不是单一的数学能力，需要融会贯通地应用运算方法与逻辑思维等技能。没有真正理解算理和系统掌握算法，容易导致思维僵化和计算速度过慢，甚至影响其他学科的学习。本书重视每种计算方法算理的推导和数学思想方法的渗透，力求提高辨析力和决断力。我们希望大家在提高计算能力的同时获得自信，享受速算的快乐。

《一学就会的闪算》一书出版后，周边许多朋友以及很多不相识的读者通过出版社等渠道，邀请笔者为自己的孩子辅导或办培训班。我们写书的目的，就是希望更多的人受益。本书是《一学就会的闪算》的精华本，为答谢大家的盛情，笔者针对全书主要知识点专门制作了30段微课，进行视频讲解。这些微课与文字阐述相得益彰，既能加深对内容的理解，提高学习的效率，又利于读者扫一扫书中的二维码，随时可以"一对一"地跟随笔者学习。

本书适用于小学三至六年级和中学的同学，以及广大的速算爱好者。

在此，感谢北京大学附属小学王皓、王德荣、沈雪瑶老师给予的指点与帮助。

本书的第一版得到广大读者的认可，我们修订了书中错误和不足，出版社对装帧设计进行了大幅提升，使本书面貌一新地呈现在读者面前。

书中不足之处，敬请广大读者不吝赐教。

刘开云　王毅

目 录

开 篇　补数和剩余数……………1
　一、补数………………………2
　　视频微课 1　补数…………4
　二、剩余数……………………4
　练习题一………………………5

第 1 章　乘 5 与除以 5　乘 25
　　　　与除以 25 ………………7
　1.1 一个数乘 5 ………………8
　　视频微课 2　乘 5 …………9
　1.2 一个数除以 5 ……………9
　　视频微课 3　除以 5 ………12
　　练习题二 ……………………13
　1.3 一个数乘 25 ………………13
　　视频微课 4　乘 25 …………15
　1.4 一个数除以 25 ……………15
　　视频微课 5　除以 25 ………19
　　练习题三 ………………………20

第 2 章　乘 11 与除以 11 ……………23
　2.1 两位数乘 11 ………………24
　　视频微课 6　两位数乘 11
　　　………………………………27
　2.2 三位数乘 11 ………………27
　　视频微课 7　三位数乘 11
　　　………………………………30
　2.3 一个能被 11 整除
　　的三位数除以 11 ……………30

　　视频微课 8　能被 11 整除
　　的三位数除以 11 ………34
　　练习题四 ……………………35

第 3 章　乘 9、99、999、
　　　　9999… ……………………37
　3.1 一位数乘 9 的重复数……38
　3.2 重复数乘 9 ………………39
　3.3 一个数与 9 的重复数
　　的位数同样多 ………………41
　　视频微课 9　乘 9 或
　　9 的重复数（一）………43
　3.4 一个数比 9 的重复数
　　的位数少 ……………………43
　　视频微课 10　乘 9 或
　　9 的重复数（二）………46
　3.5 一个数比 9 或 9 的重
　　复数的位数多 ………………46
　　视频微课 11　乘 9 或
　　9 的重复数（三）………48
　　练习题五 ……………………49

第 4 章　十几乘十几　九十几乘九十几
　　　　一百零几乘一百零几
　　　　九十几乘一百零几 ……………51
　4.1 十几乘十几 ………………52
　　视频微课 12　
　　十几乘十几（一）………59

视频微课 13

　　十几乘十几（二）……… 59

　　视频微课 14

　　十几乘十几（三）……… 59

　　练习题六 ………………… 59

　　视频微课 15

　　加剩余数，减补数 ……… 60

4.2 九十几乘九十几 ………… 60

　　练习题七 ………………… 61

4.3 一百零几乘一百零几 …… 62

　　练习题八 ………………… 63

4.4 九十几乘一百零几 ……… 63

　　视频微课 16

　　九十几乘九十几

　　一百零几乘一百零几

　　九十几乘一百零几 ……… 66

　　练习题九 ………………… 67

第 5 章　乘数间有特殊关系 …… 69

5.1 5 的倍数遇到偶数 ……… 70

　　视频微课 17

　　5 的倍数遇到偶数 ……… 72

　　练习题十 ………………… 72

5.2 "同头尾凑十" …………… 73

　　视频微课 18

　　"同头尾凑十" …………… 76

　　练习题十一 ……………… 76

5.3 "合十重复数" …………… 77

　　视频微课 19

　　"合十重复数" …………… 80

　　练习题十二 ……………… 80

5.4 "首合十尾相同" ………… 81

　　视频微课 20

　　"首合十尾相同" ………… 82

　　练习题十三 ……………… 82

5.5 "个位都是 1" …………… 83

　　视频微课 21

　　"个位都是 1" …………… 85

　　练习题十四 ……………… 85

5.6 "合九连续数" …………… 86

　　视频微课 22

　　"合九连续数" …………… 87

　　练习题十五 ……………… 87

第 6 章　计算 120 以内数的平方数 … 89

6.1 用乘法口诀直接

　　得出平方数 ……………… 90

6.2 用巧方法计算一

　　些数的平方数 …………… 90

6.3 计算 11～19 的平方数

　　……………………………… 91

6.4 计算 31～49 的平方数

　　……………………………… 94

　　视频微课 23

　　求 31～49 的平方数 …… 96

　　练习题十六 ……………… 96

6.5 计算 51～69 的平方数

　　……………………………… 96

　　视频微课 24

　　求 51～69 的平方数 …… 98

　　练习题十七 ……………… 99

6.6 计算 81～99 的平方数 ……………………………………… 99

 视频微课 25

  求 81～99 的平方数 … 101

 练习题十八……………… 101

6.7 计算 101～119 的平方数 ……………………………… 102

 视频微课 26

  求 101～119 的平方数 ……………………………… 104

 练习题十九……………… 105

6.8 计算二十几和七十几的平方数……………………… 106

6.9 求任意两位数的平方… 107

 练习题二十……………… 109

第 7 章 以两个乘数的中间数为标准数进行计算 …………… **111**

 7.1 以整十数为中间数……… 113

 7.2 以 100 为中间数 ……… 114

  视频微课 27

   以中间数为标准数……… 115

 7.3 以中间数为标准数计算十几乘十几 ……… 116

  练习题二十一…………… 119

第 8 章 求完全平方数的平方根 …… **121**

 视频微课 28

  已知两位数的平方数，求这个两位数 ……… 126

 练习题二十二…………… 126

第 9 章 求完全立方数的立方根 …… **129**

 视频微课 29

  抓住特点，熟记 1～9 的立方数 ……………………………… 131

 视频微课 30

  已知两位数的立方数，求这个两位数 ……… 133

 练习题二十三…………… 133

练习题答案 ……………………………… **134**

参考书目 ………………………………… **143**

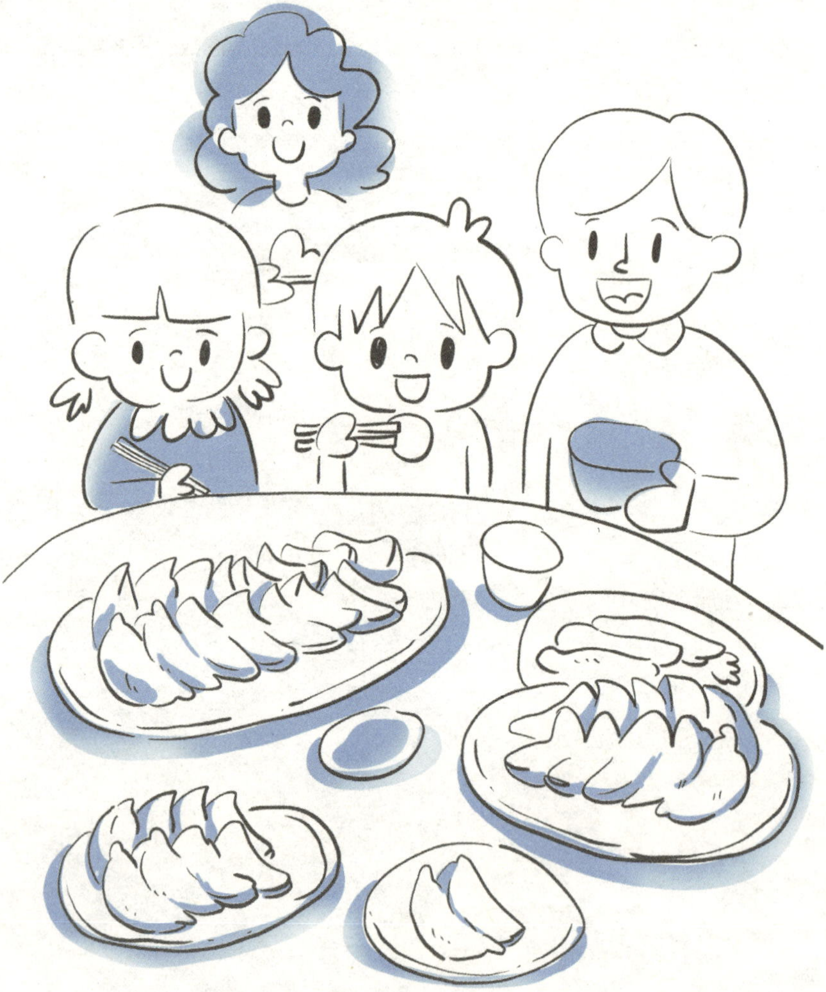

补数和剩余数

开 篇

你知道下面的式子是怎么得出的吗?

$876 + 438 = 1438 - 124 = 1314$

$4763 - 889 = 3763 + 111 = 3874$

运用补数和剩余数能简化许多计算。

在正式开始我们的旅程之前，大家先了解一下速算中常常用到的补数和剩余数。

一、补数

"两数相加恰好凑成十、百、千、万的，就叫一个数是另一个数的'补数'。"（中科院院士、教授刘后一《算得快》）

例如，2+8=10，2是8的补数，8是2的补数，2和8互为补数。又如，3+97=100，3是97的补数，97是3的补数，即3和97互为补数。

"补数是一个数为成为某个标准数所需要加的数，一个数的补数有2个。"（高桥清一《有趣的印度数学》）

例如，以20为标准数，16加4等于20，16和4互为补数。

本书在计算中，把一个数比标准数少的数称为这个数的补数。

例如，82比标准数100少18，18是82的补数。又如，47比标准数50少3，3是47的补数。

怎样求补数？补数＝标准数－已知数。

以10为标准数，6的补数是：10－6=4。以20为标准数，17的补数是：20－17=3。以100为标准数，92的补数是：100－92=8。一位数和两位数的补数是最好算也是最常用的。求较大数的补数，同样应该做到"眼看题目，口出得数"。

以100，1000，10000…为标准数，求补数。

计算方法

[方法一] 向高位借1，非个位用9减，个位用10减。

例如，以1000为标准数，求768的补数：向千位借1，百位9-7=2，十位9-6=3，个位10-8=2，232是768的补数。

[方法二] 向高位借1，先用9减减数的每一位数，差再加上1。

例如，以10000为标准数，求5768的补数：向万位借1，千位9-5=4，百位9-7=2，十位9-6=3，个位9-8=1，差4231+1=4232，4232是5768的补数。

算理探究

为什么可以这样算呢？

方法一是根据加法逆推而来：两个数的个位数相加等于10，其他各位的数相加等于9，具有这样特点的两个数的和一定是10，100，1000，10000…。例如：

6	73	352	7629
+ 4	+ 27	+ 648	+ 2371
10	100	1000	10000

方法二是这样推导出的：10=9+1，100=99+1，1000=999+1…当10，100，1000…是被减数时，向高位借1，用9，99，999…减减数的每一位，最后把差加1。

> 方法一是进行逆向思考，方法二是运用等量代替。

例题讲解

例 1 以 100 为标准数，求 54 的补数。

这样想 [方法一] 向百位借 1，十位 9−5=4，个位 10−4=6。

[方法二] 向百位借 1，十位 9−5=4，个位 9−4=5，差 45+1=46。

以 100 为标准，54 的补数是 46。

例 2 以 1000 为标准数，求 329 的补数。

这样想 [方法一] 向千位借 1，百位 9−3=6，十位 9−2=7，个位 10−9=1。

[方法二] 向千位借 1，百位 9−3=6，十位 9−2=7，个位 9−9=0，差 670+1=671。

以 1000 为标准数，329 的补数是 671。

视频微课 1

补数

二、剩余数

本书在计算中，把一个数比标准数多的数称为剩余数。

以 10 为标准数，16 比 10 多 6，6 是剩余数。57 比标准数 50 多 7，7 是剩余数。112 比 100 多 12，12 是 112 以 100 为标准数的剩余数。

剩余数＝已知数−标准数。

本书没有专门研究加、减法的速算，巧用补数可以有效地提高加、减法的运算速度。

例如，876+438=1438−124=1314。

又如，4763−889=3763+111=3874。

不妨琢磨一下，上述题目的第二步是怎么得出的。如果你想明白了，就得到了一把速算加、减法的"金钥匙"。

提示：876=1000−124；889=1000−111。

说明

1. 本书中的"一个数"都是指不等于0的正整数。
2. 本书研究的速算方法同样适用于小数（计算中请注意小数点的位置）。

练习题一 （答案在134页）

1. 填表

标准数是100

已知数	23	47	8	108	117	84	99
补 数							
剩余数							

2. 计算

（1）100−68=　　　　　　（2）100−54=

（3）1000−823=　　　　　（4）1000−732=

（5）10000−4873=　　　　（6）10000−1228=

（7）3600−4=　　　　　　（8）6700−84=

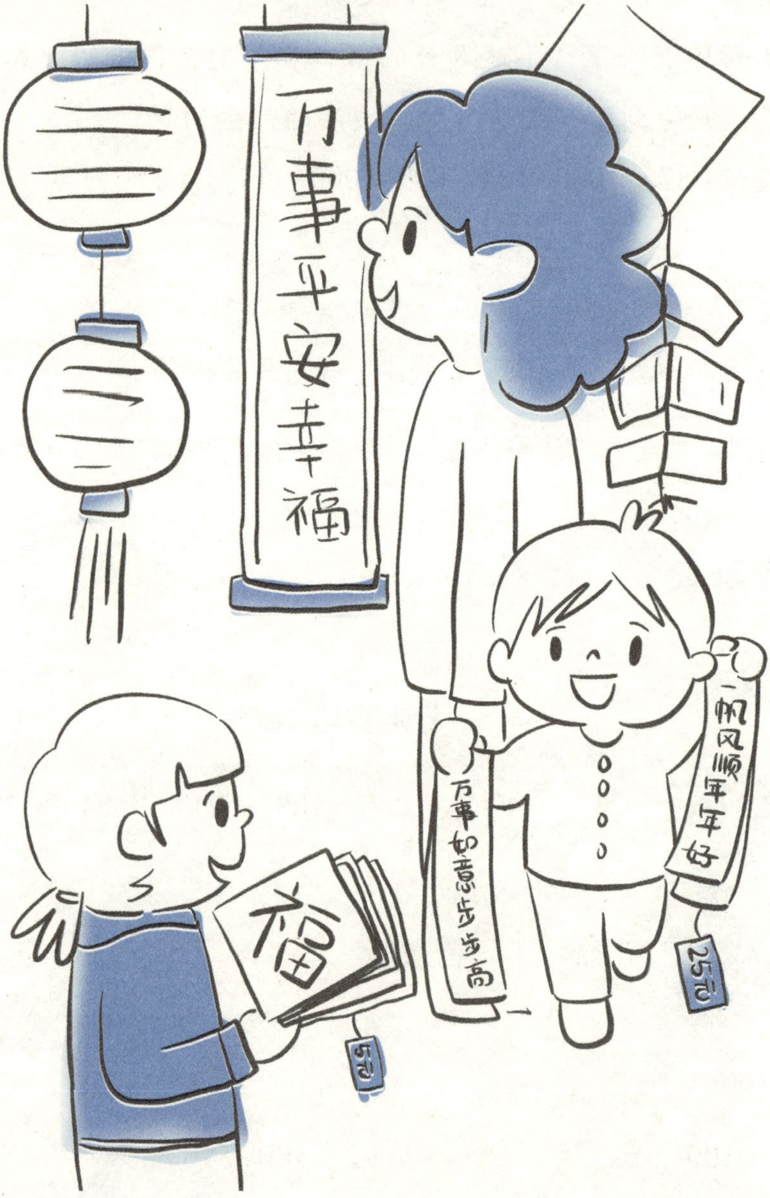
万事平安幸福
福
5元
万事如意步步高
一帆风顺年年好
25元

第 1 章

乘 5 与除以 5
乘 25 与除以 25

运用等式传递、分类研究等方法推导出的速算方法，让你轻松"立刻"得数。

计算下面的题目，你会用多少时间？

$783 \times 5 =$ $142 \div 5 =$

$25 \times 813 =$ $576 \div 25 =$

1.1 一个数乘5

例如 24×5，5×567。

计算方法

一个数 $\div 2$。能整除，在商的后面添 0；不能整除，在整数商的后面添 5。

24×5：

这样想 $24 \div 2 = 12$，在 12 后面添 0，即 $24 \times 5 = 120$。

5×567：

这样想 $567 \div 2 = 283 \cdots\cdots 1$，在 283 后面添 5，即 $567 \times 5 = 2835$。

算理探究

为什么能这样计算呢？

一个数 $\times 5 =$ 一个数 $\times 10 \div 2 =$ 一个数 $\div 2 \times 10$

一个整数除以 2，一种情况是能整除，另一种情况是不能整除。整除即得数是整数，整数乘 10，在整数后添 0；不能整除，余数是 1，$1 \times 10 \div 2 = 5$，在整数商后再添 5。

这是运用等式传递的方法进行推导。

例题讲解

例 1 计算 5×86。

这样想：$86 \div 2 = 43$，43 后面添 0。

$5 \times 86 = 430$。

> 偶数 ×5，积的个位是 0；
> 奇数 ×5，积的个位是 5。

例 2 计算 783×5。

这样想：$783 \div 2 = 391 \cdots\cdots 1$，391 后面添 5。

$783 \times 5 = 3915$。

例 3 计算 2764×5。

这样想：$2764 \div 2 = 1382$，1382 后面接着写一个 0。

$2764 \times 5 = 13820$。

视频微课 2

乘5

1.2 一个数除以 5

例如 $90 \div 5$，$169 \div 5$。

计算方法

一个数的个位上是 0，直接去掉个位 0 后乘 2。

一个数的个位上不是 0，个位前数位上的数乘 2，个位数除以 5，再把两部分的计算结果合并。

90÷5：去掉 90 个位上的 0，9×2=18，18 是原式的商。

169÷5：个位前的数（十位、百位上的数）16×2=32，个位数 9÷5=1 余 4，把两部分的计算结果合在一起，32+1=33 是原题的整数商，余数 4 是原题的余数，即 169÷5=33……4。

算理探究

为什么能这样计算呢？

一个数 ÷5= 一个数 ÷10×2

如果这个数个位上是 0，直接除以 10，即去掉个位上的 0，再乘 2，得出计算结果。

如果这个数个位上不是 0，就从个位前把这个数分为两部分：整十数（几个十或几十个十等）和个位数。整十数能被 10 整除，"整十数 ÷10×2"得到"个位前数位上的数 ×2"；个位数除以 5 很好算。最后把两部分的计算结果合并起来就是算式的计算结果。

我们通过具体题目加以理解。

题 1．计算 630÷5。

630÷5=630÷10×2=63×2=126，所以 630 直接消去 0，再用 63×2，积 126 是原式的商。

630÷5=126。

题2．计算 869÷5。

$$869 \div 5$$
$$= (860+9) \div 5$$
$$= 860 \div 5 + 9 \div 5$$
$$= 860 \div 10 \times 2 + 9 \div 5$$
$$= \underline{86 \times 2} \quad + \quad \underline{9 \div 5}$$

个位前的数 ×2　　个位数 ÷5

　　172　　　　　　1……4

合并

$$=173……4$$

如果学习了分数、小数，商是 $173\frac{4}{5}$ 或 173.8。

> 这道题分成两部分计算更简单。

> 把被除数分成整十数和个位数两部分，再分别除以5，最后把计算结果合并起来。这是从整体把握，分类讨论，再进行综合，找到简捷解决问题的策略。在数学研究和日常生活中，常常会用分类综合方法解决问题。

例题讲解

例 1 计算 $270 \div 5$。

这样想 27 去掉个位 0，$27 \times 2 = 54$。

$270 \div 5 = 54$。

例 2 计算 $3105 \div 5$。

这样想 个位前数位上的 $310 \times 2 = 620$，个位 $5 \div 5 = 1$，积和商合起来 $620 + 1 = 621$。

$3105 \div 5 = 621$。

例 3 计算 $4327 \div 5$。

这样想 个位前数位上的 $432 \times 2 = 864$，个位上的 $7 \div 5 = 1……2$，两部分合起来，865 余 2 是原题的计算结果。

$4327 \div 5 = 865……2$。

如果学习了分数、小数，商是 $865\frac{2}{5}$ 或 865.4。

思考

一个数除以 5 的计算方法，只需要记住"个位前数位上的数乘 2，个位数除以 5，再把两部分的计算结果合并"即可。这是为什么呢？

视频微课 3

除以 5

练习题二 （答案在134页）

计算下列各题：

1. （1）5×37=　　　　　　　　（2）86×5=
   （3）624×5=　　　　　　　（4）5×461=
   （5）5431×5=　　　　　　（6）5×1234=
2. （1）80÷5=　　　　　　　　（2）98÷5=
   （3）139÷5=　　　　　　　（4）315÷5=
   （5）4423÷5=　　　　　　（6）7180÷5=

1.3 一个数乘25

例如 72×25，25×167。

计算方法

一个数÷4。能整除，在商的后面添2个0；不能整除，在整数商的后面添余数乘25的积。

72×25：

这样想 72÷4=18，在18后面添2个0，即72×25=1800。

25×167：

这样想 167÷4=41……3，在41后面添上3×25=75，即167×25=4175。

算理探究

为什么能这样计算呢?

一个数 ×25= 一个数 ×100÷4= 一个数 ÷4×100

如果这个数能被4整除,用商再乘100,也就是在商后面添2个0。

如果这个数不能被4整除,余数可能是1,2,3,余数1×100÷4=25,余数2×100÷4=50,余数3×100÷4=75,也就是在整数商后添余数乘25的积。

> 这和乘5速算方法的推导一样,运用了等式传递。

例题讲解

例 1 计算 (1) 56×25;(2) 57×25;
(3) 58×25;(4) 59×25。

这样想 (1) 56×25,$56 \div 4 = 14$,积是1400。
(2) 57×25,$57 \div 4 = 14 \cdots\cdots 1$,$25 \times 1 = 25$,积是1425。
(3) 58×25,$58 \div 4 = 14 \cdots\cdots 2$,$25 \times 2 = 50$,积是1450。
(4) 59×25,$59 \div 4 = 14 \cdots\cdots 3$,$25 \times 3 = 75$,积是1475。

(1) $56 \times 25 = 1400$。 (2) $57 \times 25 = 1425$。

(3) $58 \times 25 = 1450$。 (4) $59 \times 25 = 1475$。

例 2 计算 876×25。

这样想 $876 \div 4 = 219$，219 后面添 2 个 0。

$876 \times 25 = 21900$。

例 3 计算 286×25。

这样想 $286 \div 4 = 71 \cdots\cdots 2$，71 后面添 2 个 25 的积 50。

$286 \times 25 = 7150$。

注意

熟记 $25 \times 2 = 50$，$25 \times 3 = 75$。

视 频 微 课 **4**

乘 25

1.4 一个数除以 25

例如 $1700 \div 25$，$589 \div 25$。

计算方法

一个数的末两位都是 0，直接去掉末两位 0 后乘 4。

一个数的末两位不都是 0，十位前数位上的数乘 4，末两位数除以 25，再把两部分的计算结果合并。

1700÷25，17×4=68，68 是 1700÷25 的商。

589÷25，百位上的 5×4=20，89÷25=3……14，把计算结果合起来，23 是 589÷25 的整数商，14 是余数。

算理探究

为什么能这样计算呢？

一个数 ÷25 = 一个数 ÷100×4

如果这个数十位、个位都是 0，直接除以 100，即去掉末两位上的 0，再乘 4，得出计算结果。

如果这个数十位、个位不都是 0，就从十位前把这个数分为两部分：整百数（几个百或几十个百等）和末两位数。整百数能被 100 整除，"整百数÷100×4"得出"十位前数位上的数×4"；末两位数除以 25 很好算。最后把两部分的计算结果合并起来，就是算式的计算结果。

我们再通过具体题目加以理解。

题 1 计算 1200÷25

1200÷25=1200÷100×4=12×4=48，所以 1200 直接消去 2 个 0，用 12×4=48，48 是原式的商。

1200÷25=48。

题 **2** 计算 $589 \div 25$。

$$589 \div 25$$
$$= (500 + 89) \div 25$$
$$= 500 \div 25 + 89 \div 25$$
$$= 500 \div 100 \times 4 + 89 \div 25$$
$$= \underline{5 \times 4} \quad + \quad \underline{89 \div 25}$$

  十位前的数 ×4   末两位数 ÷25

    20   3……14

      合并

$$= 23 \cdots\cdots 14$$

如果学习了分数、小数，商是 $23\frac{14}{25}$ 或 23.56。

> 分类思考，分类解决问题，化难为易。

> 末两位能被 25 整除，这个数就能被 25 整除。

例题讲解

例 1 计算 5600÷25。

这样想 5600 的末两位都是 0，直接去掉末两位的 0，用 56×4=224，224 是原式的商。

5600÷25 = 224。

例 2 计算 450÷25。

这样想 450 虽然个位是 0，但十位不是 0，所以用百位上的 4×4=16，末两位 50÷25=2，积和商合起来 16 + 2=18，18 是原式的商。

450÷25=18。

例 3 计算 924÷25。

这样想 百位上的 9×4=36，末两位 24 比 25 小，24 是余数。

924÷25=36……24。

如果学习了分数、小数，商是 $36\frac{24}{25}$ 或 36.96。

例 4 计算 2456÷25。

这样想 十位前数位上的 24×4=96，末两位 56÷25=2……6，两次计算结果合并起来，98……6 是原式的计算结果。

2456÷25 = 98……6（或 $98\frac{6}{25}$，98.24）。

> **思考**
>
> 一个数除以 25 的计算方法，只需要记住"十位前的数乘 4，末两位数除以 25，再把两部分的计算结果合并"即可。为什么呢？

视频微课 5

除以 25

我们研究了"乘 5 与除以 5""乘 25 与除以 25"的速算方法，请你尝试推导"乘 125"与"除以 125"的速算方法。

一个数乘125的计算方法

一个数 ÷8。能整除，在商的后面添 3 个 0；不能整除，在商的后面添余数乘 125 的积。

例如，96×125：96÷8=12，在 12 后面接着写 3 个 0，12000 是原式的积。

又如，26×125：26÷8=3……2，2×125=250，在 3 后面接着写 250，3250 是原式的积。

一个数除以125的计算方法

百位前数位上的数乘 8，末三位数除以 125，再把两部分的计算结果合并。

例如，13000÷125：13×8=104，104是原式的商。

又如，3127÷125：3×8=24，127÷125=1……2，24+1=25，25……2（或 $25\frac{2}{125}$、25.016）是原式的计算结果。

注意

熟记125×2=250，125×3=375，125×4=500，125×5=625，125×6=750，125×7=875。

练习题三 （答案在135页）

计算下列各题：

1. （1）64×25=　　　　　　　（2）87×25=
   （3）25×48=　　　　　　　（4）124×25=
   （5）25×252=　　　　　　 （6）25×809=

2. （1）700÷25=　　　　　　 （2）321÷25=
   （3）950÷25=　　　　　　 （4）467÷25=
   （5）512÷25=　　　　　　 （6）1203÷25=

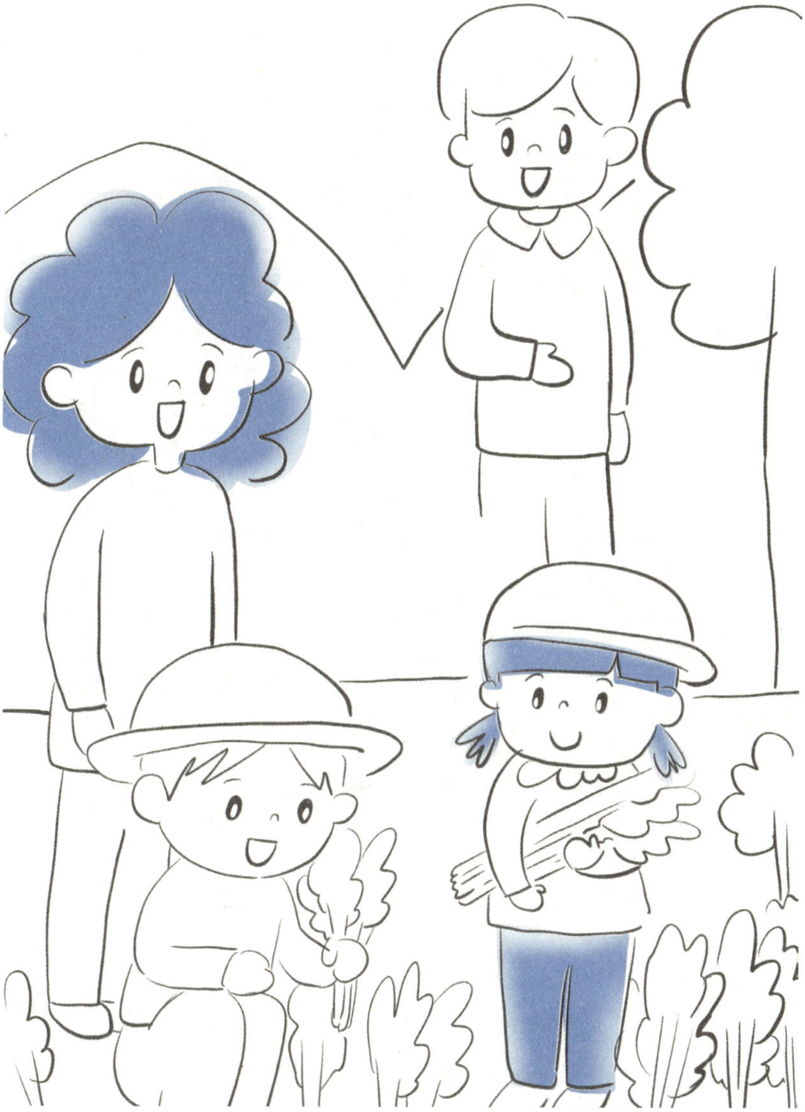

11元

18元

13元

乘 11 与除以 11

第 2 章

我们来观察下面的计算：

$$62 \times 11 = 682$$

$$\begin{array}{r} 6\,2 \\ \times\ 1\,1 \\ \hline 6\,2 \\ 6\,2 \\ \hline 6\,8\,2 \end{array}$$

> 乘 11 的速算方法是从竖式"看出"的；能被 11 整除的算式的商是运用逆推法推出的。

2.1 两位数乘 11

例如 62×11，11×76。

两位数乘 11，积是三位数或四位数。这是因为最小的两位数 $10 \times 11=110$，最小的三位数 $100 \times 11=1100$，所以，两位数乘 11 的积是大于等于 110，小于 1100 的三位数或四位数。

> 要养成计算前估计计算结果范围的习惯。

计算方法

两边一拉，中间相加，满十进一。

例如，62×11，6 (6+2) 2 → 682，即 $62 \times 11=682$。

又如，11×76，7 (7+6) 6 → 7 (13) 6 → 836，十位上 7+6=13，满十向百位进一，即 $11 \times 76=836$。

算理探究

为什么能这样计算呢?

我们来观察下面的计算:

$$62 \times 11 = 682$$

```
      6 2
  ×   1 1
  -------
      6 2
    6 2
  -------
    6 8 2
```

积的百位 6 与乘数 62 的十位数相同。

积的个位 2 与乘数 62 的个位数相同。

积的十位 8 等于乘数的个位、十位上的数 6+2 的和。

上面的算式这样理解:

$$62 \times 11 = 682$$

6 (6+2) 2

百位 十位 个位

即两边一拉,中间相加。

再观察下题:

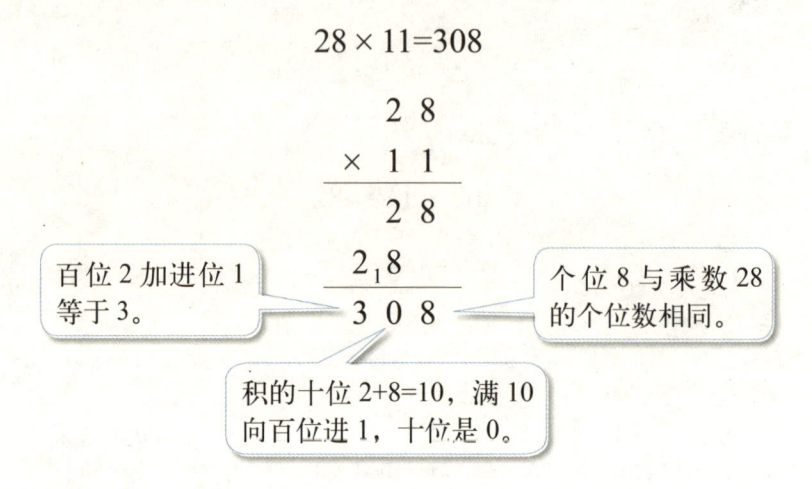

$$28 \times 11 = 308$$

```
    2 8
  × 1 1
  ─────
    2 8
    2 8
  ─────
    3 0 8
```

百位2加进位1等于3。

个位8与乘数28的个位数相同。

积的十位2+8=10，满10向百位进1，十位是0。

即两边一拉，中间相加，十位满10向百位进1。

注意

想又准又快算两位数乘11，要先看非11的乘数"中间相加"，即十位上的数加个位数的和：如果和不满10，把和插到两位数中间得出积；如果和满10，十位上的数加1是百位数，和的个位数插中间是十位数，个位数不变，得出积。

例题讲解

例 1 计算 72×11。

这样想 十位上7+2=9，9插72中间，积是792。

$72 \times 11 = 792$。

例 2 计算 11×84。

这样想 8+4=12，百位多写1为9，十位是2，个位是4，积是924。

$11 \times 84 = 924$。

例 3 计算 92×11。

这样想 9+2=11，百位多写1为10（千位百位），十位是1，个位是2，积是1012。

$92 \times 11 = 1012$。

视频微课 6

两位数乘 11

2.2 三位数乘 11

例如 342×11，11×867。

最小的三位数 $100 \times 11 = 1100$，最小的四位数 $1000 \times 11 = 11000$，所以三位数乘 11 的积是大于等于 1100、小于 11000 的四位数或五位数。

计算方法

两边一拉，中间两两相加，满十进一。

例如，342×11，3 (3+4) (4+2) 2 → 3762，即 342×11=3762。

又如，11×867，8 (8+6) (6+7) 7 → 8 (14) (13) 7 → 9537，百位上 8+6=14，满十向千位进一，千位上 8+1=9，百位是 4，十位上 6+7=13，满十向百位进一，百位上 4+1=5，十位是 3，个位是 7，即 11×867=9537。

算理探究

为什么能这样计算呢？

我们来观察下面的计算：

$$342 \times 11 = 3762。$$

```
      3 4 2
  ×     1 1
  ─────────
      3 4 2
    3 4 2
  ─────────
    3 7 6 2
```

积的千位 3 与乘数 342 的百位数相同。

积的个位 2 与乘数 342 的个位数相同。

积的百位 7 等于乘数百位、十位上的数 3+4 的和，积的十位 6 等于乘数的个位、十位上的数 4+2 的和。

上面的算式这样理解：

$$342 \times 11 = 3762$$

```
   3   (3+4)   (4+2)   2
   |     |       |     |
   千    百      十    个
   位    位      位    位
```

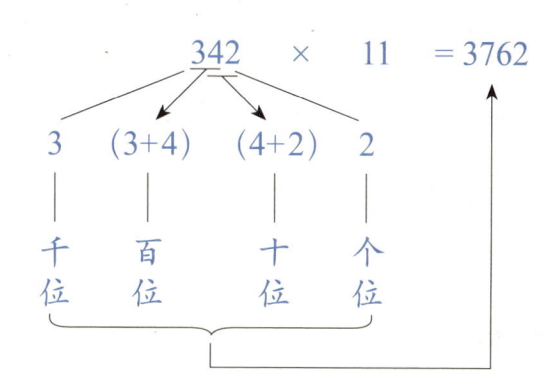

即两边一拉，中间两两相加。

再观察下题：

$11 \times 867 = 867 \times 11 = 9537$。

```
      8 6 7
  ×     1 1
  ─────────
      8 6 7
    8 6 7
  ─────────
    9 5 3 7
```

千位 8 加进位 1 等于 9。

个位 7 与乘数 867 的个位数相同。

积的百位 8+6=14，满 10 向千位进 1，十位 6+7=13，满 10 向百位进 1，百位是 5，十位是 3。

即两边一拉，中间两两相加，满十进一。

例题讲解

例 1 计算 326×11。

这样想 千位是 3，百位上 3+2=5，十位上 2+6=8，个位是 6，积是 3586。

$326 \times 11 = 3586$。

例 2 计算 11×267。

这样想 千位是 2，百位上 2+6=8，十位上 6+7=13，向百位进 1，百位是 9，十位是 3，个位是 7，积是 2937。

$11 \times 267 = 2937$。

例 3 计算 982×11。

这样想 算前位看后位，后位满十先进位。百位上 9+8=17，千位上 9+1=10，十位上 8+2=10，向百位进 1，百位上 7+1=8，十位是 0，个位是 2，积是 10802。

$982 \times 11 = 10802$。

视频微课 7

三位数乘 11

2.3 一个能被 11 整除的三位数除以 11

能被 11 整除的三位数除以 11，我们按"一眼看出能被 11 整除"和"算一下才知道能被 11 整除"两种情况进行研究。

1. "一眼看出能被 11 整除"，即被除数十位上的数等于百位上的数与个位数的和。

例如，$198 \div 11$，9=1+8。

又如，$473 \div 11$，7=4+3。

计算方法

商的十位数是被除数百位上的数,商的个位数是被除数的个位数。

例如,198÷11,商的十位数是198百位上的1,商的个位数是198个位上的8,18是原式的商。

又如,473÷11,商的十位数是473百位上的4,商的个位数是473的个位上的3,43是原式的商。

2."算一下才知道能被11整除",即被除数十位上的数加10的和,减百位上的数减1的差,得数与个位数相等。

例如,924÷11,(2+10)−(9−1)=12−8=4(计算时可以直接算12−8),差与个位4相同。

又如,715÷11,11−6=5,差与个位5相同。

计算方法

商的十位数是被除数百位上的数减1,商的个位数是被除数的个位数。

例如,924÷11,商的十位数是924百位上的9减1等于8,商的个位数是924的个位数4,84是原式的商。

又如,715÷11,商的十位数是715百位上的7减1等于6,商的个位数是715的个位数5,65是原式的商。

算理探究

为什么能这样计算呢？

除法是乘法的逆运算。

下图中，34×11=374，374÷11=34。乘法的积374就是除法中的被除数，乘数34是除法的商。

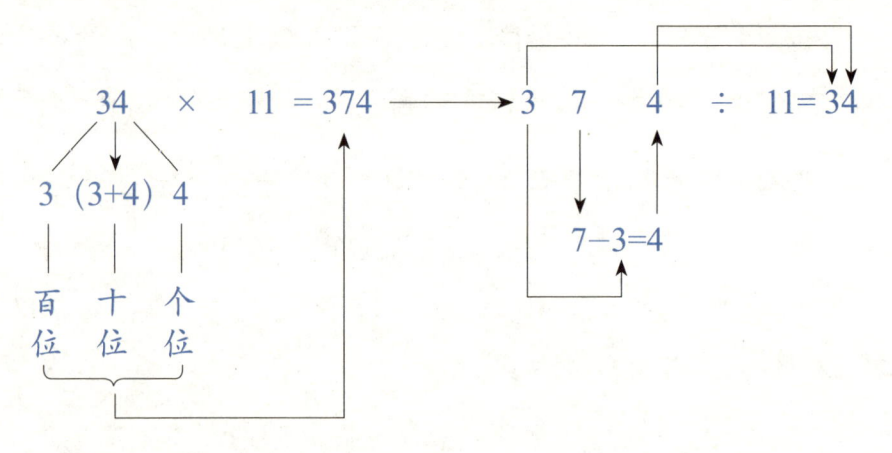

观察左上图，34×11：3+4=7（不满10），积是374。

观察右上图，被除数374十位上的7减百位上的3得个位数4，3是商的十位数，4是商的个位数，商是34。

再看下图：65×11=715，715÷11=65。乘法的积715就是除法中的被除数，乘数65是除法的商。

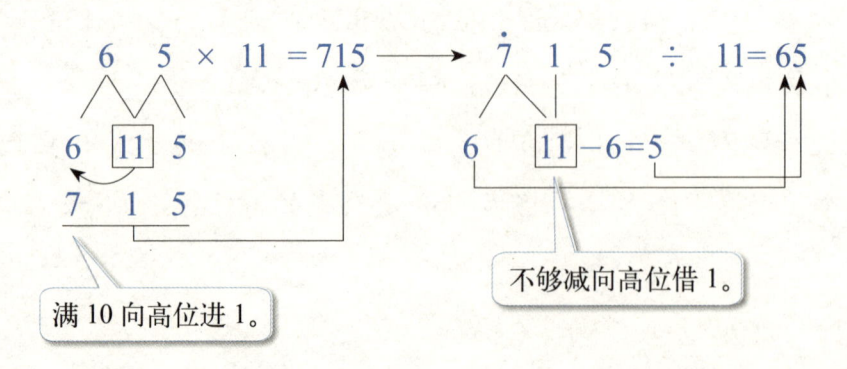

满10向高位进1。

不够减向高位借1。

观察左上图，65×11：6+5=11，满10向百位进1，百位上6+1=7，十位是1，个位是5，积是715。

观察右上图，被除数715十位上的1不够减百位上的7，向百位借1，百位剩6，十位上11-6=5，与个位数相同，6是商的十位数，5是商的个位数，商是65。

> 借助乘11的方法，逆推除以11的方法，能方便快捷地找到答案。

> 善于运用逆向思维，能帮我们解决许多问题。

例题讲解

例 1 计算 297÷11。

这样想 297十位上的9等于百位上的2加个位上的7，商就是27。

注意

"十位上的9等于百位上的2加个位上的7"，判断297能被11整除。实际速算时想：9=2+7，商是27。

297÷11 = 27。

例 2 计算 869÷11。

这样想 869 十位上的 6 不够减 8，向百位借 1，6＋10－7（8 被借去 1 还剩 7）＝9，与被除数个位相同，商的十位是 7，个位是 9。

注意

上面是一步一步讲算法，实际速算时想：16－7=9（这就判断出 869 能被 11 整除），商是 79。

869÷11=79。

例 3 计算 627÷11。

这样想 12－5=7，57 是原式的商。
627÷11=57。

视频微课 8

能被 11 整除的三位数除以 11

对于任意数除以 11 的速算方法感兴趣的同学，可以看一看《一学就会的闪算》一书，那里做了详细介绍。

练习题四 （答案在135页）

计算下列各题：

1. （1） $16 \times 11 =$ （2） $11 \times 24 =$
   （3） $11 \times 86 =$ （4） $97 \times 11 =$
2. （1） $431 \times 11 =$ （2） $11 \times 326 =$
   （3） $11 \times 833 =$ （4） $576 \times 11 =$
3. （1） $396 \div 11 =$ （2） $495 \div 11 =$
   （3） $737 \div 11 =$ （4） $517 \div 11 =$

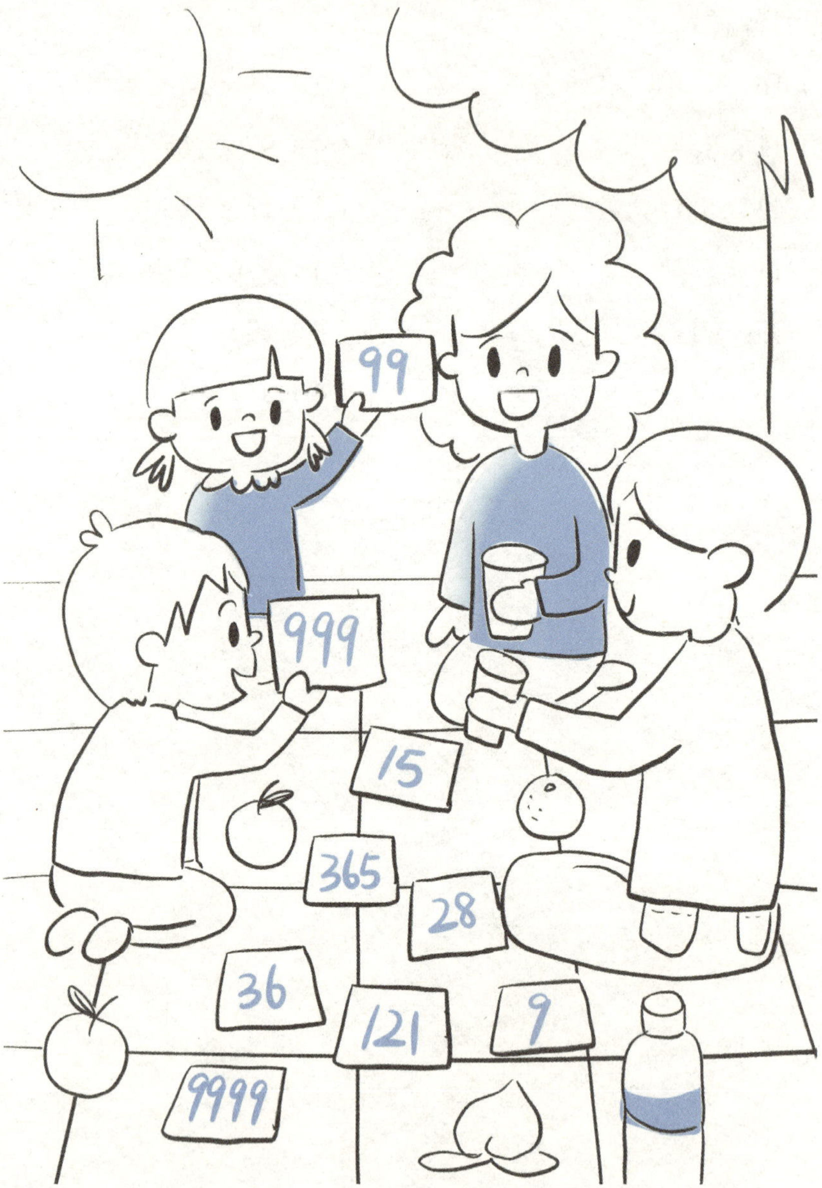
99
999
15
365
28
36
121
9
9999

乘 9，99，999，9999…

第 3 章

在乘 99 按 "×（100-1）"、乘 999 按 "×（1000-1）" 进行简算的基础上，运用乘法分配律、加法交换律和结合律，遵循恒等原理推导出的速算方法，实现"开口出得数""提笔写答案"。

下面的题目怎么才能算得又准又快？

8 × 99 =   999 × 4 =

99 × 72 =   385 × 999 =

86 × 999 =   6789 × 999 =

99，999，9999 是 9 的重复数，99 是两位重复数，999 是三位重复数，9999 是四位重复数。

下面我们研究一个数乘 9 或 9 的重复数的速算方法。

3.1 一位数乘 9 的重复数

例如 6×99，999×3。

计算方法

一位数乘 9 的得数是积的首数和尾数，重复数去掉一个 9 插中间。

6×99，6×9=54，5 是积的首数，4 是积的尾数，99 去掉一个 9 还剩一个 9，把这个 9 插在 5 和 4 之间，积是 594。

999×3，3×9=27，2 是积的首数，7 是积的尾数，999 去掉一个 9 还剩两个 9，把这两个 9 插在 2 和 7 之间，积是 2997。

"一位数乘 9 的重复数"属于"比 9 的重复数位数少的数乘 9 的重复数"，其算理将在研究"比 9 的重复数位数少的数乘 9 的重复数"时一并讨论。

注意

在没做特殊说明时，本书把一个数最高位上的数称为首数，把个位数称为尾数，简称为"头"和"尾"。

例题讲解

例 1 计算 8×99。

<u>这样想</u> 八九七十二,99去掉一个9,还剩一个9,把这个9插在7和2之间,积是792。

$8 \times 99 = 792$。

例 2 计算 999×6。

<u>这样想</u> 六九五十四,999去掉一个9,还剩两个9,把这两个9插在5和4之间,积是5994。

$999 \times 6 = 5994$。

3.2 重复数乘9

例如 9×66,777×9。

计算方法

9乘重复数一个数字的得数是积的首数和尾数,中间插重复数位数减一个9。

9×66,$6 \times 9 = 54$,66是两位数,54中间插(2−1)个9,积是594。

777×9,七九六十三,777是三位数,63中间插(3−1)个9,积是6993。

算理探究

为什么能这样计算呢？

观察下面的算式：

9×22=9×11×2=99×2=198。

9×555=9×111×5=999×5=4995。

8888×9=8×1111×9=8×9999=79992。

……

> 这样，9乘重复数转化成一位数乘9的重复数啦！

> 通过枚举，我们找到算式转化的规律，总结计算方法。枚举、转化都是我们常用的数学方法。

例题讲解

例 1 计算 33×9。

这样想 三九二十七，27中间插（2-1）个9。

33×9=297。

例 2 计算 9×666。

这样想 六九五十四，54中间插（3-1）个9。

9×666=5994。

3.3 一个数与 9 的重复数的位数同样多

例如 67×99，581×999。

计算方法

去 1 添补。

67×99，67 去 1 是 66，67 的补数是 $100-67=33$，两数连着写，积是 6633。

581×999，$581-1=580$，581 的补数是 $1000-581=419$，两数连着写，积是 580419。

算理探究

为什么能这样计算呢?

以 67×99 为例推导。

$$67 \times 99$$
$$= 67 \times (100-1)$$
$$= 6700-67$$
$$= 6700-100+100-67$$
$$= (6700-100)+(100-67)$$
$$= (67-1) \times 100 + 33$$

去 1　　　添补

$$= 6633$$

- 100 是根据 99+1 得出的。
- 减去 100 又加上 100，计算结果不变。
- 把前两项和后两项分别结合计算。

比 99 多 1 的数是 100，以 100 为标准数取补数。因为 67 和 99 都是两位数，所以可以直接看作以 100 为标准数取 67 的补数。

"去1"得到的是千位或百位上的数，"添补"是十位或个位上的数。这里没有进位问题，所以两数连着写，简称"去1添补"。

> 本题推导中运用了数的转化，乘法分配率，同时加、减同一个数，加、减运算中重新组合等方法，始终遵循恒等原理，即保证计算过程中每一步都相等。

例题讲解

例 1 计算 37×99。

这样想 $37-1=36$，$100-37=63$，两数连着写，积是 3663。
$37 \times 99 = 3663$。

例 2 计算 999×658。

这样想 $658-1=657$，$1000-658=342$，两数连着写，积是 657342。

$999 \times 658 = 657342$。

四位数乘 9999 也是这样算，如 $2345 \times 9999 = 23447655$。

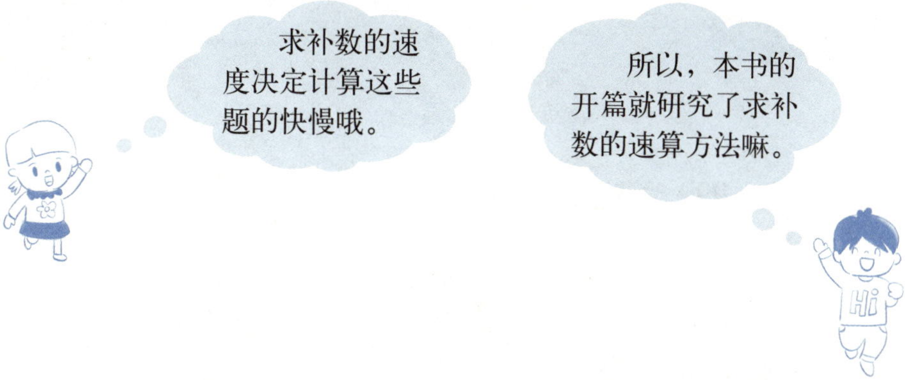

> 求补数的速度决定计算这些题的快慢哦。

> 所以,本书的开篇就研究了求补数的速算方法嘛。

视频微课 9

乘 9 或 9 的重复数（一）

3.4 一个数比 9 的重复数的位数少

例如 $6×99$，$47×999$，$9999×84$。

计算方法

去 1 添补，中间插位数差个 9。

$47×999$，$47-1=46$，47 的补数是 $100-47=53$，999 比 47 多一位（即位数差是 1），在 46 和 53 之间插 1 个 9，积是 46953。

$9999×84$，$84-1=83$，$100-84=16$，9999 比 84 多 2 位（即位数差是 2），在 83 和 16 之间插 2 个 9，积是 839916。

算理探究

为什么能这样计算呢?

以 47×999 为例进行推导。

47×999

$= 47 \times (1000 - 1)$

$= 47000 - 47$

$= 47000 - 1000 + 1000 - 47$

$= (47000 - 1000) + (1000 - 47)$

$= (47 - 1) \times 1000 + (1000 - 47)$

$= 46953$ （去1添补）

> 减去1000又加上1000，计算结果不变。1000是根据999+1得出的。

> 把前两项和后两项分别结合计算。

以比999多1的数1000为标准数取47的补数是1000−47=953。"这个数比9的重复数的位数少"与"这个数和9的重复数的位数同样多"相乘的计算方法相同，都是"去1添补"。

如果本题直接看作以100为标准数取47的补数是53，47比999少一位数，就在"去1"后的数46和"补数"53中间插1个9，得46953，这样算是不是更简便呢？我们把这种简便的算法称作"去1添补，中间插位数差个9"。

> 计算越简单，速度就越快！
> 这里是以比47多一位的100为标准数取补数。对其他题就是以比"这个数"多一位的100或1000，10000…为标准数取补数。

乘 9, 99, 999, 9999… 第 3 章

例题讲解

例 1 计算 999×57。

这样想 57−1=56，100−57=43，57 比 999 少一位，中间插 1 个 9，积是 56943。

57×999=56943。

例 2 计算 79×9999。

这样想 79−1=78，100−79=21，79 比 9999 少两位，中间插 2 个 9，积是 789921。

79×9999=789921。

例 3 计算 9999×234。

这样想 234−1=233，1000−234=766，234 比 9999 少一位，中间插 1 个 9，积是 2339766。

9999×234=2339766。

一位数比 9 的重复数的位数少，当然可以按照"去 1 添补，中间插位数差个 9"的方法计算，例如：

6×99=594（6−1=5，10−6=4，6 比 99 少一位，在 5 和 4 中间插 1 个 9）；

7×999=6993（7−1=6，10−7=3，7 比 999 少两位，在 6 和 3 中间插 2 个 9）；

8×9999=79992（8−1=7，10−8=2，8 比 9999 少三位，在 7 和 2 中间插 3 个 9）；

……

通过枚举，我们可以得出：

一位数乘9的重复数还可以简捷计算为：这个数乘9的得数分别是乘积的首、尾数，重复数去掉一个9插中间。

这就是我们前面计算一位数乘9的重复数方法的推理。

视频微课 10

乘9或9的重复数（二）

3.5 一个数比9或9的重复数的位数多

例如 28×9，417×99。

28×9，28是两位数，比9多一位，我们把多的高位上的数2称为"头"，和9相同的个位数上的数8就是"尾"。417×99，417是三位数，比99多一位，比99位数多的高位上的4是"头"，和99相同的十位、个位上的数17是"尾"。

计算方法

去1去头添尾补。

28×9，$28-1-2$（头）$=25$，$10-8=2$，两数连着写，积是252。

417×99，$417-1-4=412$，$100-17=83$，两数连着写，积是41283。

算理探究

为什么能这样计算呢?

以 417×99 为例进行推导。

417×99
= 417×(100−1)
= 41700−417
= 41700−100+100−400−17   （减去 100 又加上 100，计算结果不变。）
= (41700−100−400) + (100−17)   （把减 417 分成先减 400，再减 17。）
= (417−1−4) ×100 + 83   （重新组合算式。）

  去1去头   添尾补

= 41283

例题讲解

例 1 计算 387×9。

（387−40+1=348）

这样想 38 是头，7 是尾。387−1−38=348，10−7=3，两数连着写，积是 3483。

387×9=3483。

例 2 计算 999×5637。

这样想 5 是头，637 是尾。5637−1−5=5631，1000−637=363，两数连着写，积是 5631363。

999×5637=5631363。

例 3 计算 9×12，9×13，9×14～9×19。

这样想 十几比 9 多一位，算法是"去 1 去头添尾补"。这里头都是 1，就直接用"去 2 添尾补"。

9×12=108（12−2=10，接着写 2 的补数 8）
9×13=117（13−2=11，接着写 3 的补数 7）
9×14=126（14−2=12，接着写 4 的补数 6）
9×15=135（15−2=13，接着写 5 的补数 5）
9×16=144（16−2=14，接着写 6 的补数 4）
9×17=153（17−2=15，接着写 7 的补数 3）
9×18=162（18−2=16，接着写 8 的补数 2）
9×19=171（19−2=17，接着写 9 的补数 1）

注意

这是"19×19 口诀"第 9 段的后半截，这样算很容易记住。喜欢背"19×19 口诀"的同学，每一段都要想些好办法背哦。

视频微课 11

乘 9 或 9 的重复数（三）

练习题五 (答案在135页)

计算下列各题：

1. （1） $7 \times 99 =$ 　　　　　　（2） $99 \times 4 =$
   （3） $999 \times 8 =$ 　　　　　（4） $4 \times 9999 =$
   （5） $9 \times 55 =$ 　　　　　　（6） $9 \times 444 =$

2. （1） $68 \times 99 =$ 　　　　　（2） $99 \times 24 =$
   （3） $73 \times 99 =$ 　　　　　（4） $853 \times 999 =$
   （5） $999 \times 241 =$ 　　　　（6） $7171 \times 9999 =$

3. （1） $67 \times 999 =$ 　　　　　（2） $14 \times 999 =$
   （3） $99 \times 6 =$ 　　　　　　（4） $999 \times 8 =$
   （5） $345 \times 9999 =$ 　　　　（6） $9999 \times 21 =$

4. （1） $17 \times 9 =$ 　　　　　　（2） $9 \times 24 =$
   （3） $9 \times 43 =$ 　　　　　　（4） $62 \times 9 =$
   （5） $456 \times 99 =$ 　　　　　（6） $99 \times 721 =$

一共有多少级台阶?

山上的路有19段

每一段有18级台阶

十几乘十几

九十几乘九十几

一百零几乘一百零几

九十几乘一百零几

第 4 章

以 10、100 为标准数，可迅速计算十几乘十几，九十几乘九十几，一百零几乘一百零几和九十几乘一百零几。运用"算式变形，进行竖式计算""数形结合，通过面积计算""算式转化，把两数相乘写成两数和（或差）相乘"及迁移等思想方法，多角度推导速算方法，提升数学素养。

如何快速计算下列各题？

$18 \times 19 =$

$98 \times 92 =$

$107 \times 102 =$

4.1 十几乘十几

例如 12×13，18×19。

因为 $10 \times 10 = 100$，$20 \times 20 = 400$，所以十几乘十几的积是 $100 \sim 400$ 的三位数。

计算方法

[方法一]

（一个乘数 + 另一个乘数的剩余数）×10+ 剩余数 × 剩余数

这样想 12×13，$12+3=15$，$2 \times 3=6$，两数连着写，积是 156。写成算式 $(12+3) \times 10 + 2 \times 3 = 156$。

[方法二]

（一个乘数 − 另一个乘数的补数）×20+ 补数 × 补数

这样想 18×19，$(18-1) \times 20 + 2 \times 1 = 342$。

算理探究

为什么能这样计算呢？

我们以 12×13 为例，推导十几乘十几的算法一。

1. 算式变形，进行竖式计算

```
     1 2
×    1 3
─────────
     3 6  ──→  3 个 10+6 (也就是 2×3)
   1 2    ──→  12 个 10
─────────
   1 5 6  ←──  (12+3) × 10            +        2 × 3
               ↓                                ↓
         (一个乘数 + 另一个乘数的剩余数)      剩余数 × 剩余数
              (多少个十)                        (多少个一)
                        =156
```

2. 数形结合，运用长方形面积计算

如下图，将长为 13、宽为 12 的长方形分成 a、b、c、d 四部分，a 是边长为 10 的正方形。

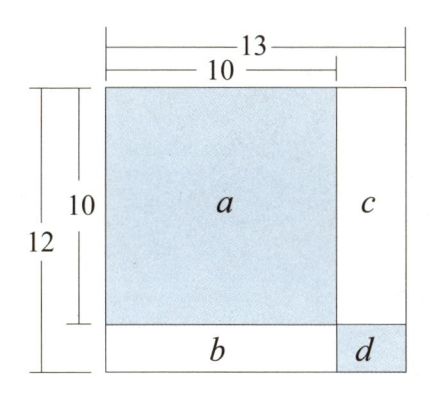

① 正方形 a 的面积 $=10×10$

② 长方形 b 的面积 + 长方形 c 的面积

$=(12-10)×10+(13-10)×10$

$=2×10+3×10$

$=(2+3)×10$

③ 长方形 d 的面积 $=(12-10)\times(13-10)=2\times 3$

④ 长为 13、宽为 12 的长方形面积 $=12\times 13$

$=$ 正方形 a 的面积＋长方形 b 的面积＋长方形 c 的面积＋

　长方形 d 的面积

$=10\times 10+(2+3)\times 10+2\times 3$

$=(10+2+3)\times 10+2\times 3$

$=(\ \ 12\ +\ 3\ )\times 10\ \ \ \ \ \ \ +\ \ \ \ \ 2\times 3$

　　（一个乘数＋另一乘数的剩余数）　　剩余数 × 剩余数
　　　　　　（个十）　　　　　　　　　　　（个一）

$=156$

3. 算式转化，把两个数相乘写成以 10 为标准数的两个数的和相乘

$\quad 12\times 13$

$=(10+2)\times(10+3)$

$=10\times 10+2\times 10+10\times 3+2\times 3$

$=(10+2+3)\times 10+2\times 3$

$=(\ \ 12\ +\ 3\ )\times 10\ \ \ \ \ \ \ +\ \ \ \ \ 2\times 3$

　　（一个乘数＋另一乘数的剩余数）　　剩余数 × 剩余数
　　　　　　（个十）　　　　　　　　　　　（个一）

$=156$

"算式变形，进行竖式计算""数形结合，运用图形面积计算""算式转化，把两个数相乘写成两个数的和相乘"，从不同的角度推导十几乘十几的算法。很多题目的速算可以像这样由点到面发现规律，找到简算方法。本书常用这些方法进行算理的推导。

可别小看这三种方法！它们可是打开许多速算大门的金钥匙呢！

那得好好地琢磨琢磨，让它们变成我们手中的法宝！在乘9的重复数算法推导中，我们还用了"同时加、减同一个数，算式相等"，这也是一把金钥匙哦！

下面，我们再以 18×19 为例，研究十几乘十几的方法二。

1. 数形结合，运用长方形面积计算推导

如下图，我们将一个边长为 20 的正方形分割成 a、b、c、d 四部分，其中长方形 a 的长为 19、宽为 18。

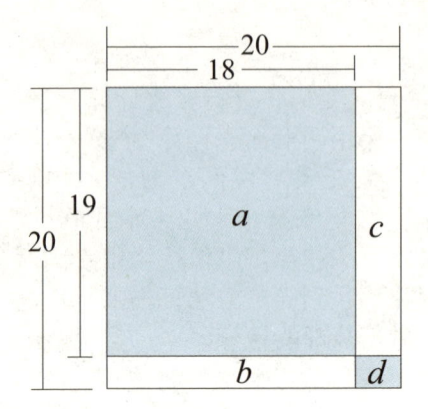

① 大正方形的面积 = 20×20

② 长方形 (c+d) 的面积 = 20×(20−18) = 20×2

③ 长方形 (b+d) 的面积 = 20×(20−19) = 20×1

④ 长方形 d 的面积 = (20−18)×(20−19) = 2×1

⑤ 长方形 a 的面积 = 18×19

= 大正方形的面积 − 长方形 (c+d) 的面积 − 长方形 (b+d) 的面积 + 长方形 d 的面积

= 20×20 − 20×2 − 20×1 + 2×1

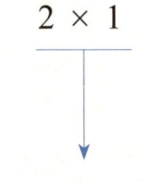

= (20−2−1)×20 + 2×1

= (18−1) × 20   +   2 × 1

　　　↓　　　　　　　　　　　↓

(一个乘数 − 另一个乘数的补数) × 20　　　补数 × 补数

= 342

2. 算式转化，把两个数相乘写成以 20 为标准数的两个数的差相乘

18×19
$= (20-2) \times (20-1)$
$= 20 \times 20 - 2 \times 20 - 20 \times 1 + 2 \times 1$
$= (20-2-1) \times 20 + 2 \times 1$
$= \underline{(18-1) \times 20} \quad + \quad \underline{2 \times 1}$

(一个乘数－另一个乘数的补数）×20　　　　补数 × 补数

$= 342$

方法二是以20为标准数，两个乘数接近20计算比较简单。

注意

方法一是以10为标准数，十几都比标准数大，所以是"剩余数"；

方法二是以20为标准数，十几都比标准数小，所以是"补数"。

例题讲解

例 1 计算 14×12。

这样想 14+2=16（个十），4×2=8（个一），两数连着写，积是168。

$14 \times 12 = 168$。

例 **2** 计算 18×13。

这样想 (18+3)×10+8×3=234
　　　　18×13=234。

> 算十位（18+3），看个位 8×3=24，有进位 2，算齐十位 18+3+2=23，接着写积的个位 4。

> 再练一练有进位的题：
> 13×14：13+4+1（进位）=18（个十），接着写 2（个一），积是 182。
> 15×16：15+6+3（进位）=24（个十），个位是 0，积是 240。
> 一气呵成，直接得积，这样算得快。

例 **3** 计算 18×17。

[方法一] 以 10 为标准数。

这样算 (18+7)×10+8×7，18+7+5（进位）=30（个十），接着写 6，积是 306。

[方法二] 以 20 为标准数。

这样想 (18−3)×20+2×3=300+6=306。
18×17=306。

乘数 18、17 都接近 20，用方法二计算比较简单。

为什么两个乘数接近20，用方法二计算简单？

1．十位上的数乘2容易算。

2．以20为标准数，两乘数接近20，补数就小，两补数积小于10，不进位，算完十位接着写个位数，计算简单。

视频微课 12

十几乘十几（一）

视频微课 13

十几乘十几（二）

视频微课 14

十几乘十几（三）

练习题六 （答案在136页）

计算下列各题：

（1）12×12= 　　　（2）13×13=

（3）14×13= 　　　（4）17×16=

（5）15×16= 　　　（6）16×19=

（7）17×12= 　　　（8）19×19=

视频微课 15

加剩余数，减补数

4.2 九十几乘九十几

例如 98×92。

因为 90×90=8100，100×100=10000，所以九十几乘九十几，积是 8100 至 10000 之间的四位数。

计算方法

（一个乘数 – 另一个乘数的补数）×100 + 补数 × 补数

98×92：98−8=90，2×8=16，两数连着写，积是 9016。

这样的计算直接得数。因为，以 100 为标准数，九十几的补数是一位数，两补数积最大是两位数，不会向百位进位。

算理探究

为什么可以这样计算?

九十几乘九十几计算方法的算理与十几乘十几算法二的算理相同，所不同的是标准数，十几乘十几算法二是以 20 为标准数，九十几乘九十几是以 100 为标准数，因此不再推导。

例题讲解

例 1 计算 93×94。

这样想 93-6=87（个百），7×6=42（个一），两数连着写，积是 8742。

93×94=8742。

例 2 计算 91×99。

这样想 [方法一] 按"九十几乘九十几"，91-1=90，9×1=9，两数连着写，积是 9009（十位没数 0 占位）。

[方法二] 按"两位数乘 99"，去 1 添补，积为 9009。

91×99=9009。

> 这两种方法都很简单。我们要善于把不同的算法进行比较、归纳，在头脑中织个"知识网"。

练习题七 （答案在 136 页）

计算下列各题：

（1）92×97= 　　　　（2）93×98=

（3）95×96= 　　　　（4）94×99=

4.3 一百零几乘一百零几

例如 107×102。

因为 $100 \times 100 = 10000$，$110 \times 110 = 12100$，所以一百零几乘一百零几的积是 10000 至 12100 之间的五位数。

计算方法

（一个乘数 + 另一个乘数的剩余数）× 100 + 剩余数 × 剩余数

107×102：$107+2=109$，$7 \times 2=14$，两数连着写，积是 10914。

这样计算可直接得数。因为，以 100 为标准数，一百零几的剩余数是一位数，两剩余数积最大是两位数，不会向百位进位。

算理探究

为什么可以这样计算？

一百零几乘一百零几计算方法的算理和十几乘十几算法一的算理相同，所不同的是标准数，十几乘十几算法一是以 10 为标准数，一百零几乘一百零几是以 100 为标准数，因此不再推导。

例题讲解

例 1 计算 103×106。

这样想 $103+6=109$（个百），$3 \times 6=18$（个一），两数连着写，

积是 10918。

103×106=10918。

例 2　计算 107×108。

这样想　107+8=115，7×8=56，两数连着写，积是 11556。

107×108=11556。

练习题八　（答案在 136 页）

计算下列各题：

（1）105×107=　　　　　　　（2）104×103=

（3）106×108=　　　　　　　（4）103×109=

4.4 九十几乘一百零几

例如　98×106，104×92。

90×100=9000，99×110=10890，所以九十几乘一百零几的积是 9000～10890 的四位数或五位数。

计算方法

（九十几+剩余数）×100－补数×剩余数

或者

（一百零几－补数）×100－剩余数×补数

98×106=(98+6)×100−2×6=10400−12=10388。

104×92=(104−8)×100−4×8=9600−32=9568。

算理探究

为什么能这样算？

九十几乘一百零几的计算方法既可以通过数形结合，运用图形面积计算，也可以进行算式转化推导。

这里我们以 94×103 为例，把两个数相乘写成以 100 为标准数的两个数的差与两个数的和相乘。

94×103
=(100−6)×(100+3)
=10000−600+300−6×3
=9400+300−6×3
=(　94　+　3　)×100　−　6×3
　　（九十几+剩余数）（个百）　　补数 × 剩余数（个一）
= 9700−18
= 9682

交换两个乘数的位置，103×94，推导出：

（一百零几−补数）×100 − 剩余数 × 补数。

学习了正、负数，我们知道补数是比标准数少的数，是负数；剩余数是比标准数多的数，是正数。在计算时是"一个乘数−另一个乘数的补数"，"一个乘数+另一个乘数的剩余数"（减补数，加剩余数)。

两个正数相乘的积是正数,所以"加两剩余数的积";两个负数相乘的积也是正数(负负得正),所以也是"加两补数的积";一个正数乘一个负数的积是负数,所以"减补数与剩余数的积"或"减剩余数与补数的积"。

知道这一点,计算中很容易掌握"+"与"-"。

例题讲解

例 1 计算 98×104。

这样想 $(98+4) \times 100 - 2 \times 4 = 10200 - 8 = 10192$

$98 \times 104 = 10192$。

例 2 计算 109×92。

这样想 $(109-8) \times 100 - 9 \times 8 = 10100 - 72 = 10028$

$109 \times 92 = 10028$。

> 我喜欢这样算:
> $109 - 8 - 1 = 100$,接着写 72 的补数 28,积是 10028。

例 3 计算 106×99。

这样想 [方法一] $(106-1) \times 100 - 6 \times 1 = 10500 - 6 = 10494$,积是 10494。

[方法二] 乘99，且106比99多1位数，去1去头添尾补，积是10494。

106×99=10494。

视频微课 16

九十几乘九十几　一百零几乘一百零几　九十几乘一百零几

乘2也很好算哦，以20为标准数，可以算二十几乘二十几：
22×24=（22＋4）×20＋2×4＝528

乘5有速算法，以50为标准数，可以算四十几乘四十几，五十几乘五十几，四十几乘五十几：

46×42＝（46－8）×50＋4×8＝1900＋32＝1932

57×58＝（57＋8）×50＋7×8＝3250＋56＝3306

48×54＝（48＋4）×50－2×4＝2600－8＝2592

> 你们想的、算的都对！学习中就是要举一反三，由此及彼，这样就会越算面越广，越算头脑越灵活。

练习题九 （答案在137页）

计算下列各题：

（1）$92 \times 107 =$　　　　　（2）$108 \times 93 =$

（3）$97 \times 105 =$　　　　　（4）$109 \times 99 =$

（5）$103 \times 92 =$　　　　　（6）$98 \times 106 =$

如何快速计算这块布的面积?

第 5 章

乘数间有特殊关系

如何快速计算下列题目：

$$75 \times \begin{cases} 12 = \\ 48 = \\ 88 = \\ 16 = \\ 96 = \end{cases}$$

迅速判断两个乘数相互间的特征，即可大幅简化算式的计算。

注意：本章只研究两位数乘两位数。

5.1 5的倍数遇到偶数

即一个乘数是5的倍数，一个乘数是偶数。

例如 16×35，15×24。

计算方法

把偶数分解成相应的2的倍数，再与5的倍数相乘。

$16 \times 35 = 8 \times (2 \times 35) = 8 \times 70 = 560$。

$15 \times 26 = 15 \times 2 \times 13 = 30 \times 13 = 390$。

本方法运用分解乘数和乘法交换律、结合律，计算整十、整百数或特殊乘数，化难为易。

例题讲解

在第一章我们已经研究过乘5、乘25的速算方法，乘5、乘25可以直接得数，例如，$28 \times 5 = 140$，$96 \times 25 = 2400$，这里不再重复。

例1 计算 75×36。

[方法一] 75×36

$= 3 \times 25 \times 4 \times 9$

$= 3 \times 9 \times (25 \times 4)$

$= 2700$。

因数间有特殊关系 第5章

[方法二]　　$75 × 36$

　　　　　　$= 3 × (25 × 36)$

　　　　　　$= 3 × 900$

　　　　　　$= 2700$。

> 这是运用乘 25 的速算方法直接得数积。

[方法三]　　$75 × 36$

　　　　　　$= 75 × 4 × 9$

　　　　　　$= 300 × 9$

　　　　　　$= 2700$。

> 这是知道 $75 × 4 = 300$。
> 我们要记住 $75 × 4 = 300$ 哦。

例 2 计算 $24 × 55$。

[方法一]　　$24 × 55$

　　　　　　$= 12 × (2 × 55)$

　　　　　　$= 12 × 110$

　　　　　　$= 1320$。

> 运用乘 11 的速算法。

[方法二]　　$24 × 55$

　　　　　　$= 24 × 5 × 11$

　　　　　　$= 120 × 11$

　　　　　　$= 1320$。

> 乘 5 速算，我们很熟悉。

例 3 计算 $45 × 96$。

　　　　　　$45 × 96$

　　　　　　$= 45 × 2 × 48$

　　　　　　$= 90 × 48$

　　　　　　$= 4320$。

> 按乘 9 的方法计算：$48 - 1 - 4 = 43$，接着写 8 的补数 2。

计算方法越简单,算得越快,也容易算对。如何选择好方法,要靠自己的判断与决策。

视频微课 17

5的倍数遇到偶数

练习题十（答案在137页）

计算下列各题：

1. （1）26×15=　　　　　（2）35×14=
   （3）45×18=　　　　　（4）48×55=
   （5）80×35=　　　　　（6）65×44=

2. $75 \times \begin{cases} 12 = \\ 48 = \\ 88 = \\ 16 = \\ 96 = \end{cases}$

5.2 "同头尾凑十"

也称"首同尾合十",即两个乘数十位上的数相同,个位数的和是10。

例如 78×72,十位上都是7(同头),个位8+2=10(尾凑十)。

计算方法

(头+1)×头,尾×尾,两积连着写。

78×72,(7+1)×7=56,8×2=16,积是5616。

算理探究

为什么可以这样算?

本算法用"神奇速算"的算式很容易推导,下面仍用我们已熟悉的方法推导。

[方法一] 两数相乘转化成两数和相乘。

$$78 \times 72$$
$$= (70+8) \times (70+2)$$
$$= 70 \times 70 + 8 \times 70 + 70 \times 2 + 8 \times 2$$
$$= 70 \times 70 + (8+2) \times 70 + 8 \times 2$$

$= 70 \times 70 + 10 \times 70 + 8 \times 2$

$= (\ 7 + 1\ ) \times 7 \times 100\ \ \ \ \ +\ \ \ \ 8 \times 2$

　　　↓　　　　　　　　　　　↓

(头＋1) × 头 (个百)　　　尾 × 尾 (个一)

$= 5616$

[方法二] 数形结合，通过长方形的面积推导。

下图中把长为78、宽为72的长方形分成 a、b、c、d 四部分，其中 a 是边长为 70 的正方形。

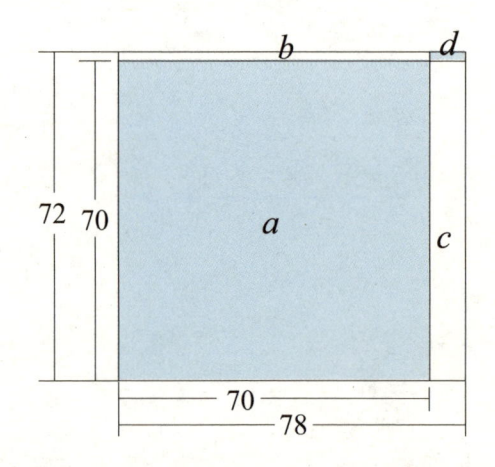

(1) 正方形 a 的面积 $= 70 \times 70$

(2) 长方形 b 的面积 $= 70 \times (72-70) = 70 \times 2$

(3) 长方形 c 的面积 $= 70 \times (78-70) = 70 \times 8$

(4) 长方形 d 的面积 $= (78-70) \times (72-70) = 8 \times 2$

(5) 长 78、宽 72 的长方形面积 $= 78 \times 72$

＝正方形 a 的面积＋长方形 b 的面积＋长方形 c 的面积＋

　长方形 d 的面积

$= 70 \times 70 + 70 \times 2 + 70 \times 8 + 8 \times 2$

$= 70 \times 70 + 70 \times (2+8) + 8 \times 2$

$= 70 \times 70 + 70 \times 10 + 8 \times 2$

$= (70+10) \times 70 + 8 \times 2$

$= (\ 7\ +\ 1\ ) \times 7 \times 100\ \ \ \ +\ \ \ 8 \times 2$

（头 + 1）× 头（个百）　　　尾 × 尾（个一）

$= 5616$

"（头+1）× 头"的积是千位、百位上的数，"尾"是个位数，"尾 × 尾"的积是一位数或两位数，不会出现向百位进位，所以"两积连着写"。

例题讲解

例 1 计算 42×48。

> 首先审题，判断题型。

这样想 头都是4，尾2+8=10。(4+1)×4=20，2×8=16，积是2016。

$42 \times 48 = 2016$。

例 2 计算 (1) 35×35　　(2) 75×75

这样想 两题都是"同头尾凑十"。(1) (3+1)×3=12，5×5=25，积是1225；(2) (7+1)×7=56，5×5=25，积是5625。

(1) $35 \times 35 = 1225$

(2) $75 \times 75 = 5625$

你发现了吗? 15×15～95×95 都属于"同头尾凑十",又因为尾数都是5,尾乘尾就是25,所以计算时:(头+1)×头,接着写25。

15^2～95^2 会经常用到。学会这样计算,用不着背计算结果。

例 3 计算 (1) 11×19   (2) 12×18
               (3) 13×17   (4) 14×16

这样想 这四道十几的题目都是"同头尾凑十",用"同头尾凑十"的方法计算更简单。

(1) 11×19=209   (2) 12×18=216
(3) 13×17=221   (4) 14×16=224

视频微课 18

"同头尾凑十"

练习题十一 (答案在137页)

1. 熟练计算下列各题:
   (1) 15×15=   (2) 25×25=
   (3) 35×35=   (4) 45×45=
   (5) 55×55=   (6) 65×65=
   (7) 75×75=   (8) 85×85=
   (9) 95×95=

2. 计算下列各题：
   （1）52×58=
   （2）36×34=
   （3）81×89=
   （4）67×63=
   （5）76×74=
   （6）24×26=

3. 已知一个乘数是47，写出"同头尾凑十"的算式。

4. 自己写出四道"同头尾凑十"的题，并算一算。

5.3 "合十重复数"

一个乘数十位、个位上数的和是10，即合十数；另一个乘数十位、个位上的数相同，即重复数。

例如 46×88，46的十位、个位上数的和是4+6=10，88是重复数。

计算方法

（头+1）×头，尾×尾，两积连着写（合十数的头加1）。
46×88，(4+1)×8=40，6×8=48，积是4048。

算理探究

为什么可以这样算？

这种算法可以用多种方法推导。下面我们运用数形结合，通过图形面积推导。

计算 73×55。

如下图所示，把长为 73、宽为 55 的长方形分成 a、b、c、d 四部分，其中 a 是长为 70、宽为 50 的长方形面积。

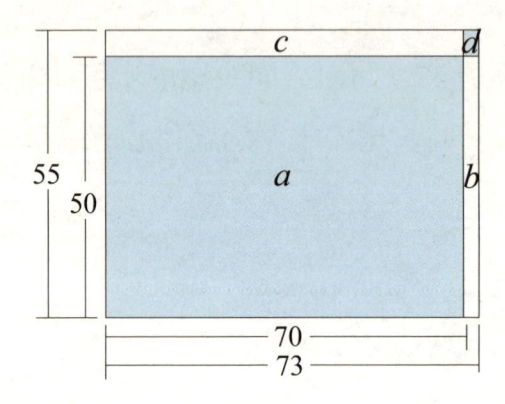

(1) 长方形 a 的面积 $= 70 \times 50$

(2) 长方形 b 的面积 $= 50 \times (73-70) = 50 \times 3$

(3) 长方形 c 的面积 $= 70 \times (55-50) = 70 \times 5$

(4) 长方形 d 的面积 $= (73-70) \times (55-50) = 3 \times 5$

(5) 长为 73、宽为 55 的长方形面积 $= 73 \times 55$

= 长方形 a 的面积 + 长方形 b 的面积 + 长方形 c 的面积 + 长方形 d 的面积

$= 70 \times 50 + 50 \times 3 + 70 \times 5 + 3 \times 5$

$= 7 \times 500 + 150 + 350 + 3 \times 5$

$= 7 \times 500 + 500 + 3 \times 5$

$= (\,7+1\,) \times 5 \times 100 \quad + \quad 3 \times 5$

　　（头 + 1）× 头（个百）　　　尾 × 尾（个一）

$= 4015$

> 记清"合十数"的头加 1 哦。

例题讲解

例 1 计算 91×77。

<这样想> 91 是合十数，77 是重复数。(9+1)×7=70，1×7=7，两积连着写，十位用 0 占位，积是 7007。

91×77=7007。

例 2 66×82。

<这样想> 66 是重复数，82 是合十数。(8+1)×6=54，6×2=12，两积连着写，积是 5412。

66×82=5412。

例 3 计算 99×37。

<这样想> 这题是"合十重复数"，也是"两位数乘99"。

[方法一] 运用"合十重复数"的计算方法。

(3+1)×9=36，9×7=63，积是 3663。

[方法二] 两位数×99，"去1添补"。

37−1=36，100−37=63，积是 3663。

99×37=3663。

你喜欢用哪种方法就用哪种方法。

> 计算时，首先是审题，做出判断，确定方法。只要我们随时对计算方法进行辨析与归纳，计算空间就会不断拓展，计算力就能逐渐提高。

视频微课 19

"合十重复数"

练习题十二 （答案在138页）

1. 计算下列各题：

   （1）66×28=　　　　（2）37×22=

   （3）88×82=　　　　（4）55×19=

   （5）42×66=　　　　（6）32×38=

2. 从下表中看一看有多少个"合十重复数"的算式？其中又包含多少个"同头尾凑十"的算式？

	11	22	33	44	55	66	77	88	99
19	19×11								
28		28×22							
37			37×33						
46				46×44					
55					55×55				
64						64×66			
73							73×77		
82								82×88	
91									91×99

3. 已知一个乘数是44，写出符合"合十重复数"条件的算式，并计算结果。

5.4 "首合十尾相同"

也称"尾同头合十"或"尾同首凑十",即两个乘数十位上数的和是10,个位数相同。

例如 38×78,十位上 $3+7=10$,个位都是8。

计算方法

头 × 头 + 尾,尾 × 尾,两数连一起。

38×78,$3 \times 7 + 8 = 29$,$8 \times 8 = 64$,两数连着写,积是2964。

算理探究

为什么可以这样算呢?

本方法可以从多角度进行推导,这里把两数相乘转化成两数和相乘进行推导。

计算 38×78。

38×78
$= (30+8) \times (70+8)$
$= 30 \times 70 + 8 \times 70 + 30 \times 8 + 8 \times 8$
$= 3 \times 7 \times 100 + 8 \times (70+30) + 8 \times 8$
$= 3 \times 7 \times 100 + 8 \times 100 + 8 \times 8$

= (3×7+8)×100 + 8×8

（头 × 头＋尾）（个百）　　　尾×尾（个一）

= 2964

例题讲解

例 1 计算 86×26。

这样想 首是 8+2=10，尾都是 6。8×2+6=22，6×6=36，两数连一起，积是 2236。

86×26=2236。

例 2 计算 55×55。

这样想 这道题既是"首合十尾相同"，又是"同头尾凑十"，还是"合十重复数"，喜欢用哪种方法就用哪种方法。

55×55=3025。

视频微课 20

"首合十尾相同"

练习题十三 （答案在 138 页）

1. 计算下列各题：

（1）62×42=　　　　　　（2）93×13=

（3）78×38= 　　　　（4）24×26=

（5）87×27= 　　　　（6）64×77=

2. 已知一个乘数是28，请写出所有"首合十尾相同"的算式。

3. 自己写出4道"首合十尾相同"的题，并算一算。

5.5 "个位都是1"

个位都是"1"是指：几十一乘几十一。

例如 31×41。

计算方法

头 × 头，头+头（满十进一），尾是1，三数连着写。

31×41，3×4=12，3+4=7，尾是1，三个数连着写，积是1271。

算理探究

为什么可以这样算呢？

这一算法同样可以用多种方法推导。我们用把两数相乘转化成两数和相乘来推导。

例如31×41。

31×41

$= (30+1) \times (40+1)$

$= 30 \times 40 + 40 + 30 + 1$

$= 3 \times 4 \times 100 \quad + \quad (3+4) \times 10 \quad + \quad 1$

　　　↓　　　　　　　　　↓　　　　　　　↓

头×头（个百）　　　头+头（个十）　　1（个一）

$=1271$

如果用字母表示数，几十一乘几十一用 $(10a+1) \times (10b+1)$ 表示，那么：

$(10a + 1) \times (10b + 1)$

$= 10a \times 10b + 10a + 10b + 1$

$= 100ab + 10(a + b) + 1$

注意

（$a+b$）满十要向百位进一。

从具体数相乘到用字母表示，字母抽象，但字母更具普遍性。我们要逐步学习这种方法。

例题讲解

例 1 计算 61×81。

这样想 这是"几十一乘几十一"。$6 \times 8=48$，$6+8=14$，$48+1=49$，十位是 4，尾是 1，三数连着写，积是 4941。

$61 \times 81 = 4941$。

例 2 计算 71×71。

这样想 这道题是"几十一乘几十一"。$7 \times 7=49$，$7+7=14$，$49+1=50$（算齐百位），十位是 4，个位是 1，积是 5041。

$71 \times 71 = 5041$。

注意

同数相乘是求平方数，将在后面系列研究中求平方数。

视频微课 21

"个位都是 1"

练习题十四 （答案在 139 页）

1. 计算下列各题：

　　（1）$21 \times 91=$　　　　　（2）$61 \times 21=$

　　（3）$71 \times 21=$　　　　　（4）$31 \times 91=$

2. 已知一个乘数是 51，请写出符合"几十一乘几十一"条件的算式，并计算结果。

5.6 "合九连续数"

一个乘数十位上的数与个位数的和是9，另一个乘数个位上的数比十位上的数大1。

例如，36×67，36是合九数，67是连续数。

又如，56×72，72是合九数，56是连续数。

计算方法

（头+1）× 头，尾补 × 尾补，两积连着写（合九数的头加1）。

这里的"尾补"是指尾数的补数。

36×67，(3+1)×6=24，6和7的补数相乘4×3=12，两积连着写，积是2412。

56×72，(7+1)×5=40，6与2的补数相乘4×8=32，两积连着写，积是4032。

算理探究

为什么可以这样算呢？

这种算法是"神奇速算"独有的，需要运用"神奇速算"的算式推导。有兴趣的同学可以看一下《一学就会的闪算》一书。

例题讲解

例 1 计算 27×89。

<u>这样想</u> 27 是合九数,89 是连续数。$(2+1) \times 8 = 24$,尾补积 $3 \times 1 = 3$,两数连着写,十位没有用 0 占位,积是 2403。

$27 \times 89 = 2403$。

例 2 计算 34×63。

<u>这样想</u> 63 是合九数,34 是连续数。$(6+1) \times 3 = 21$,尾补积是 $6 \times 7 = 42$,两数连着写,积是 2142。

$34 \times 63 = 2142$。

视频微课 22

"合九连续数"

练习题十五 （答案在 139 页）

1. 计算下列各题:
   （1）$56 \times 45 =$ 　　　　（2）$63 \times 34 =$
   （3）$18 \times 78 =$ 　　　　（4）$27 \times 89 =$

2. 已知一个乘数是 72,请写出所有符合"合九连续数"条件的算式,并计算结果。

这片菜地的面积是多少?

长13米
宽13米

计算120以内数的平方数

第6章

求正方形和圆的面积必然要算平方数,数学中会频繁地应用平方数。

$12^2=144$,那么,$21^2=441$。

$13^2=169$,那么,$31^2=961$。

平方数不会都是这样推算,但 1~120 的平方数确实很容易算出。

两个相同乘数相乘叫平方。

例如，12×12，用 12^2 表示。

又如，$25 \times 25 = 25^2$。

求 120 以内数的平方数，我们按照速算方法的不同分类研究。

6.1 用乘法口诀直接得出平方数

(1) 1～9 的平方数。

例如 $6^2=36$，$7^2=49$。

(2) 整十数的平方数。

例如 $40^2=1600$，$90^2=8100$。

6.2 用巧方法计算一些数的平方数

(1) 15^2、25^2…95^2，是前面已研究过的"同头尾凑十"，计算方法：(头+1)×头的积，接着写 25。

例如 $15^2=225$，$45^2=2025$。

(2) 11、21、31 及 22 的平方数。

$11^2=121$，用乘 11 的方法计算。

21 是 12 的颠倒数，$12^2=144$，21^2 就是 441。

31 也这样算，$13^2=169$，$31^2=961$。

22^2

$= (2 \times 11)^2$

$= 2^2 \times 11^2$

$= 4 \times 121$

$= 484$。

> 这是用小窍门儿计算耶。

思考

41^2 可以像 21^2、31^2 这样速算吗？

答案是不行，请想想为什么。

6.3 计算 11~19 的平方数

计算方法一

同前面已经研究的十几乘十几的计算方法：
- （这个数 + 剩余数）× 10 + 剩余数^2
- （这个数 – 补数）× 20 + 补数^2

例题讲解

例 1 计算 14^2。

这样想 $(14+4) \times 10 + 4^2$，"算齐十位写个位"，14+4+1（进位）=19，再接着写 6，平方数是 196。

$14^2 = 196$。

例 2 计算 19^2。

> 这里写过程，是说明运用的方法，实际计算直接得数。

这样想 19^2
$= (19-1) \times 20 + 1^2$
$= 361$。

计算方法二

● $40 \times 尾 + 尾补^2$

例如 17^2，$40 \times 7 = 280$，尾补是 7 的补数 3，$3^2 = 9$，$17^2 = 289$。

算理探究

为什么可以这样算呢？

我们把两数相乘转化成两数的差相乘，以 18×18 为例进行推导。

18×18
$= (20-2) \times (20-2)$
$= 20 \times 20 - 20 \times 2 - 20 \times 2 + 2 \times 2$
$= 20 \times (20-2-2) + 2 \times 2$
$= 20 \times 16 + 2 \times 2$
$= 20 \times 2 \times 8 + 2 \times 2$
$= 40 \times 8 \quad + \quad 2 \times 2$
　　　↓　　　　　↓
　　$40 \times 尾$　　尾补平方
$= 324$

例题讲解

例 1 计算 13^2。

$$13^2$$
$$=40\times 3+7^2$$
$$=120+49$$
$$=169。$$

例 2 计算 19^2。

$$19^2$$
$$=40\times 9+1^2$$
$$=361。$$

> 这个方法是以 20 为标准数推导出来的，越接近 20 的数的平方越好算。

在课堂教学中，很多老师要求熟背 $11^2 \sim 19^2$，这里在会算的基础上也要求大家熟记。

熟记 $11^2 \sim 19^2$。

$11^2 = 121$ 　　　　　$12^2 = 144$

$13^2 = 169$ 　　　　　$14^2 = 196$

$15^2 = 225$ 　　　　　$16^2 = 256$

$17^2 = 289$ 　　　　　$18^2 = 324$

$19^2 = 361$

6.4 计算 31～49 的平方数

例如 47×47，36^2。

计算方法

● （25 - 补数）× 100 + 补数^2

47×47，$25-3=22$（个百），$3 \times 3=9$（个一），平方数是 2209。

$36^2=(25-14) \times 100+14^2=1100+196=1296$。

算理探究

为什么能这样计算呢？

把两数相乘转化成两数差相乘，这里以求 48 的平方数为例进行推导。

48×48
$= (50-2) \times (50-2)$
$= 50 \times (50-2) - 2 \times (50-2)$
$= 50 \times 50 - 50 \times 2 - 2 \times 50 + 2 \times 2$
$= 2500 - 50 \times 2 \times 2 + 2 \times 2$
$= 2500 - 100 \times 2 + 2 \times 2$
$= (\ \ \ 25\ -\ 2\ \ \ ) \times 100\ +\ 2 \times 2$
　　(25 - 补数)（个百）　　补数平方（个一）
$= 2304$

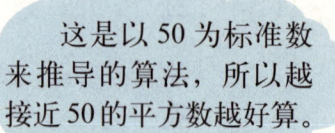

> 这是以 50 为标准数来推导的算法，所以越接近 50 的平方数越好算。

例题讲解

例 1 计算 46×46。

<这样想> 25−4=21,4×4=16,两数连着写,平方数是 2116。

$46 \times 46 = 2116$。

例 2 计算 32^2。

> $18^2=324$ 要记熟哦。

<这样想> (25−18)×100+18×18,25−18+3=10(算齐百位),接着写 24,平方数是 1024。

$32^2=1024$。

例 3 计算 41^2。

<这样想> [方法一] 25−9=16,9×9=81,两数连着写,平方数是 1681。

[方法二] 按照"几十一乘几十一"的方法计算,4×4=16,4+4=8,个位是 1,三数连着写,平方数是 1681。

$41^2=1681$。

小结

1. 41～49 的补数是一位数,一位数的平方数是一位数或两位数,也就是十位、个位上的数,因此算出 25 减补数的差(个百),接着写补数的平方数。

2. 31～39 的补数是十几,十几的平方数是三位数,要向百位进位,因此算出 25 减补数的差(个百),先加十几平方数百位上的数，算齐百位，再接着写十几平方数的十位个位数，这样计算快。

想一想：31～49 的哪些数求平方有更巧妙的方法？

35^2、45^2 按"同头尾凑十"计算更简单。31^2，可以想 $13^2=169$，$31^2=961$。

视频微课 23

求 31～49 的平方数

练习题十六（答案在 139 页）

求平方数：

（1）$42^2=$ （2）$43^2=$

（3）$37^2=$ （4）$34^2=$

（5）$35^2=$ （6）$31^2=$

6.5 计算 51～69 的平方数

例如 52^2，67^2。

计算方法

● (25 + 剩余数) × 100 + 剩余数^2

52^2，25+2=27（个百），2×2=4（个一），两数连着写，十位没有用 0 占位，平方数是 2704。

67^2 = (25+17) × 100+17^2=4489。

> 17^2=289 要记住哦！

算理探究

为什么可以这样计算？

把两数相乘转化成两数和相乘，我们以求 57 的平方数为例进行推导。

57×57
= (50+7)×(50+7)
= 50×(50+7)+7×(50+7)
= 50×50+50×7+7×50+7×7
= 2500+50×7×2+7×7
= 2500+100×7+7×7
= (25 + 7)×100   +   7×7

  (25 + 剩余数)（个百）   剩余数平方（个一）

= 3249

例题讲解

例 1 计算 53^2。

这样想 25+3=28，3×3=9，两积连着写，十位没有用 0 占位，平方数是 2809。

$53^2 = 2809$。

例 2 计算 63×63。

这样想 $(25+13) \times 100 + 13^2$，25+13+1=39（算齐百位），接着写 69，平方数是 3969。

要熟记 $13^2 = 169$。

$63 \times 63 = 3969$。

小结

1. 51～59 的剩余数是一位数，一位数的平方数最大是两位数，也就是十位、个位上的数，因此，算出 25 加剩余数的和（个百），接着写剩余数的平方数。

2. 61～69 的剩余数是十几，十几的平方数是三位数，要向百位进位，因此，算出 25 加剩余数的和（个百），先加十几平方数百位上的数，算齐百位，接着写十几平方数的十位个位数，这样计算更简单。

视频微课 24

求 51～69 的平方数

练习题十七 （答案在139页）

求平方数：

(1) $54^2=$ 　　　　　　　　(2) $59^2=$

(3) $62^2=$ 　　　　　　　　(4) $64^2=$

(5) $55^2=$ 　　　　　　　　(6) $61^2=$

6.6 计算 81～99 的平方数

例如 计算 91^2、89^2。

计算方法

（这个数 − 补数）× 100 + 补数^2

91^2，$91-9=82$（个百），$9×9=81$，两数连着写，$91^2=8281$。

$89^2=(89-11)×100+11^2=7921$。

算理探究

为什么可以这样计算？

前面我们已经研究过九十几乘九十几的计算方法：

（一个乘数 − 另一个乘数的补数）× 100 + 补数 × 补数。

81^2～99^2 是 81～99 两个相同的乘数相乘，所以计算方法是：

(这个数 − 补数) × 100 + 补数^2。

以 100 为标准数，91～99 的补数是一位数，81～89 的补数是两位数。

例 题 讲 解

例 1 计算 92×92。

这样想 92−8=84，8×8=64，两数连着写是 8464。
92×92=8464。

例 2 计算 82^2。

82^2
$= (82−18) × 100 + 18^2$
$= 6724$。

> 熟记 18^2=324。先算齐百位，82−18+3（进位）=67（个百），接着写 24。

> 在算九十几的平方数的过程中，没有进位，两数连着写。算八十几的平方数，补数十几的平方是三位数，有进位，要先算齐百位，接着写十位、个位数。

例 3 计算 99^2。

这样想 [方法一] 99 减补数 1 为 98，补数 1 的平方是 1，十位没有用 0 占位，平方数是 9801。

[方法二] 乘 99，去 1 添补，9801。

$99^2 = 9801$。

你想过吗？两位数乘 98，就是去 2 添补数的 2 倍。98×98，$98-2=96$，补数 2 的 2 倍是 4，$98 \times 98 = 9604$。

76×98，$76-2=74$，$24 \times 2=48$，积就是 7448。好算耶！

视频微课 25

求 81～99 的平方数

练习题十八 （答案在 140 页）

求平方数：

（1）$94^2=$　　　　　　　（2）$96^2=$

（3）$83^2=$　　　　　　　（4）$87^2=$

（5）$95^2=$　　　　　　　（6）$81^2=$

6.7 计算 101～119 的平方数

例如 计算 101^2、112^2。

计算方法

（这个数＋剩余数）×100＋剩余数^2

101^2：101+1=102（个百），$1^2=1$，十位数没有用 0 占位，101^2 等于 10201。

$112^2=(112+12)\times 100+12^2=12544$。

算理探究

为什么可以这样计算？

我们已经知道，101～109 两乘数相乘的计算方法是：

(一个乘数＋另一个乘数的剩余数)×100＋剩余数×剩余数。

101^2～109^2 是 101～109 两个相同的乘数相乘，计算方法是：(这个数＋剩余数)×100＋剩余数^2。

以 100 为标准数，101～109 的剩余数是一位数，111～119 的剩余数是两位数。

例题讲解

例 1 计算 103×103。

<这样想> $103+3=106$，$3 \times 3=9$，103 的平方数是 10609。

$103 \times 103=10609$。

例 2 计算 117^2。

117^2
$=(117+17) \times 100 + 17 \times 17$
$=13689$。

> 要熟记 $17^2=289$。先算齐百位，$117+17+2=136$（个百），接着写 89。

例 3 计算 105^2。

<这样想> [方法一] $105+5=110$，$5 \times 5=25$，两数连着写，105 的平方数是 11025。

[方法二] $11 \times 10=110$，末两位是 25，105 的平方数是 11025。
$105^2=11025$。

> 方法二是按照"同头尾凑十"的方法计算的。"同头尾凑十"不仅仅限于两位数乘两位数。这里把 10 看作"头"。

> 115^2 按"同头尾凑十"计算：$12 \times 11=132$，接着写 25，$115^2=13225$。

例 4 计算 111^2。

算齐百位。

这样想 [方法一] $(111+11)×100+11^2$,$111+11+1=123$(个百),接着写 21,平方数是 12321。

[方法二] $11×11=121$(个百),$11+11=22$(个十)(满 20 向百位进 2),个位是 1,12321 是 111 的平方数。

> 方法二用的是"个位都是 1",这里把 11 看作"头","个位是 1"计算方法不仅仅限于两位数乘两位数哦。

[方法三] 按照"乘 111"的方法,直接得数 12321。
$111^2=12321$。

注意

有兴趣的读者,可以用竖式算几道三位数乘 111,就可以找到乘 111 的计算方法。如果我们自己发现速算的方法,那是一件很快乐的事!

视频微课 26

求 101 ~ 119 的平方数

小结

计算 $11^2 \sim 19^2$、$31^2 \sim 69^2$、$81^2 \sim 119^2$,我们所用的主要方法其实质是一样的,即以一个数为标准数进行计算:求 $11 \sim 19$ 的平方数以 10 或 20 为标准数;求 $31 \sim 69$ 的平方数以 50 为标准数;求 $81 \sim 119$ 的平方数以 100 为标准数。

练习题十九 (答案在 140 页)

1. 求平方数:

   (1) $104^2=$ (2) $107^2=$

   (3) $112^2=$ (4) $119^2=$

   (5) $115^2=$ (6) $101^2=$

2. 计算下列各题:

   (1) $54^2=$ (2) $37^2=$

   (3) $92^2=$ (4) $83^2=$

   (5) $44^2=$ (6) $108^2=$

   (7) $114^2=$ (8) $64^2=$

   (9) $61^2=$ (10) $75^2=$

6.8 计算二十几和七十几的平方数

我们已经知道计算 25^2、75^2 与 21^2、71^2 都很容易。

别忘了，22 的平方可以这样算：$22^2 = 11^2 \times 2^2 = 484$。

有以下两个求邻近数平方的算式：

较大数^2 = 较小数^2 + 较小数 ×2 + 1

较小数^2 = 较大数^2 − 较大数 ×2 + 1

注意

这两个算式的推导很简单，有兴趣的读者可以看一看《一学就会的闪算》一书。

那么，我们可以算出 24、26 和 29，74、76 和 79 的平方数，例如：

26^2
$= 25^2 + 25 \times 2 + 1$
$= 676$。

又如：

29^2
$= 30^2 - 30 \times 2 + 1$
$= 841$。

> 前面我们算的 34^2、36^2 和 39^2，64^2 和 66^2、69^2 等，也可用这种方法计算，因为 35^2、40^2、65^2、70^2 很好算。

二十几和七十几的平方数还有 23、27、28、72、73、77、78 这 7 个数的平方数，这些数的平方数及所有二十几与七十几的平方可以分别以 20 和 70 为标准数进行计算。

例如，$23^2=(23+3)\times 20+3^2=529$。

又如，$78^2=(78+8)\times 70+8^2=86\times 70+64=6084$。

算理推导同十几乘十几算法一。

> 86×7：$56+4=60$，接着写 2。乘 10 后是 6020，再加 64，6084。

6.9 求任意两位数的平方

求任意两位数的平方数有多种方法，这里推荐一种。

计算方法

（头＋1）× 头，尾 × 尾，两积连着写，加上（尾 ×2 − 10）× 头 ×10。

这里的"（头＋1）× 头"是千位、百位上的数，"尾 × 尾"是十位、个位数（哪位没有，用 0 占位），"（尾 ×2−10）× 头"是十位上的数，所以在其后面又乘10。

例如，28×28，（头＋1）× 头，尾 × 尾，两积连着写是 664，（尾 ×2−10）× 头 ×10，$(8\times 2-10)\times 20=120$，$664+120=784$。

初看有些麻烦，实际上计算中都是一位数乘一位数，还是比较简单的。

注意

这种算法是用"神奇速算"的算式推导出来的,这里不作介绍。

例题讲解

例 1 计算 27^2。

这样想(头+1)×头,尾×尾,两积连着写是649,(尾×2−10)×头×10,(7×2−10)×20=80,649+80=729。27^2=729。

例 2 计算 77^2。

77^2
=5649+(7×2−10)×70
=5649+280
=5929。

> 这样算:5649+300−20

例 3 计算 117^2。

117^2
=13249+(7×2−10)×110
=13249+440
=13689。

> 把11看作"头"。

> 通过研究,计算120以内两位数的平方,速算每道题至少能用两种方法。计算时,我选最简单的方法!

常常有多种方法计算一道题，选择简单的计算方法，这需要判断。在计算中，应用不同的算法，并进行比较，可以不断提高判断力。

练习题二十 （答案在140页）

1. 求下列各数的平方数：

   （1） $72^2 =$ 　　　　　　　　（2） $73^2 =$

   （3） $36^2 =$ 　　　　　　　　（4） $58^2 =$

   （5） $62^2 =$ 　　　　　　　　（6） $97^2 =$

   （7） $85^2 =$ 　　　　　　　　（8） $109^2 =$

   （9） $118^2 =$ 　　　　　　　（10） $93^2 =$

2. 你能用几种方法算 41^2 ？

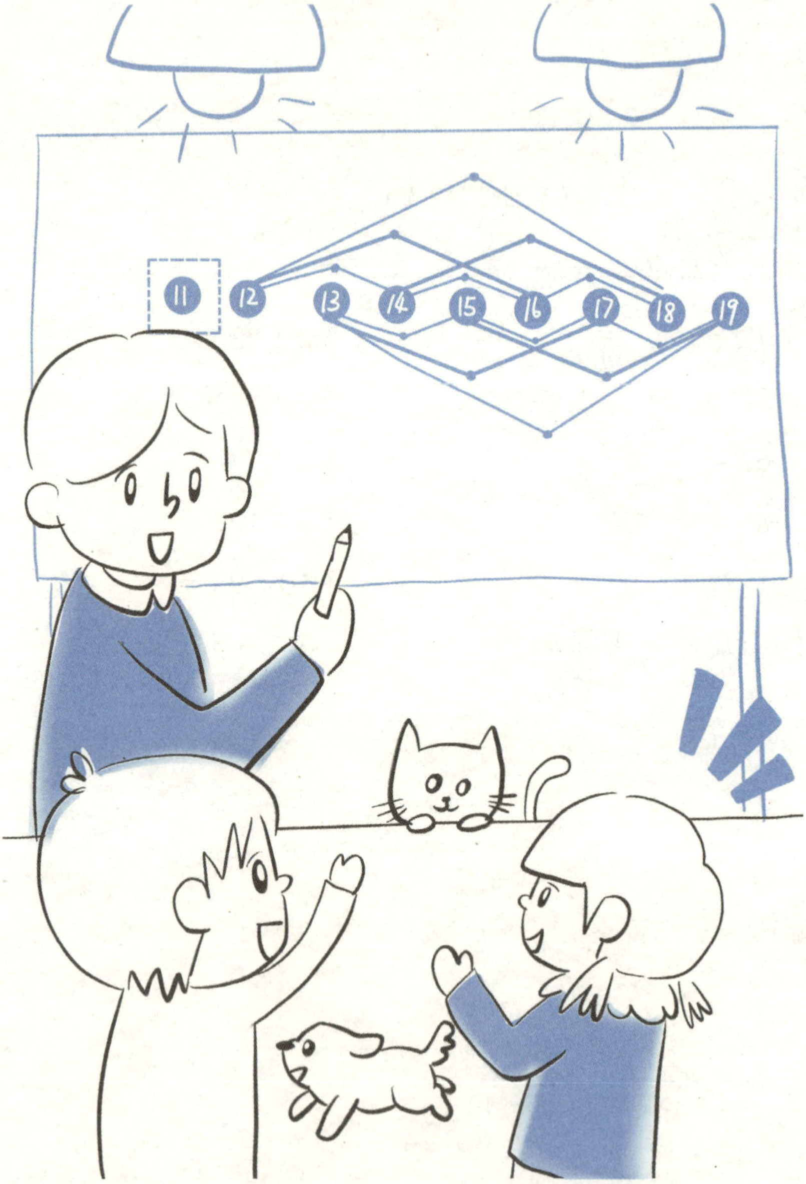
11
12
13
14
15
16
17
18
19

第7章

以两个乘数的中间数为标准数进行计算

例如，$61 \times 79 = 4900 - 81 = 4819$。

想一想：为什么可以这样算。

学会"以两个乘数的中间数为标准数"进行计算，一些算式的计算看来是那么简单。

两个乘数的中间数是这两个乘数的平均数。本章只计算中间数是整数的题目。

例如 22×18，(22+18)÷2=20，中间数是20。

以两个乘数的中间数为标准数进行计算。

计算方法

中间数^2 − 差^2。

这里的"差"是指两个乘数与中间数的差。

22×18，中间数是20，差是2。

22×18=20^2−2^2=400−4=396。

算理探究

为什么可以这样算呢？

通过算式转化，把两数相乘写成：两数和乘两数差。下面以22×18为例进行推导。

$\quad$ 22×18

= (20+2)×(20−2)

= 20×20+2×20−2×20−2×2

= 20×20 − 2×2

$\qquad\ \ \downarrow \qquad\quad\ \downarrow$

$\qquad$ 中间数^2 $\qquad$ 差^2

= 396

只要能瞬间看出中间数、两乘数与中间数的差及算出它们的平方数,我们就可以运用以中间数为标准数的方法来速算。

7.1 以整十数为中间数

下图示意以 70 为中间数,可以速算:69×71、68×72、67×73、66×74、65×75、64×76、63×77、62×78、61×79……

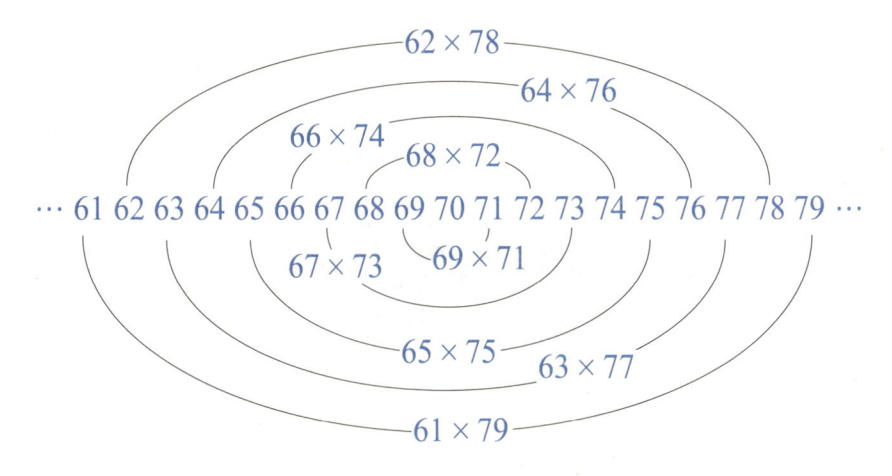

$$62\times78$$
$$64\times76$$
$$66\times74$$
$$68\times72$$
$$\cdots 61\ 62\ 63\ 64\ 65\ 66\ 67\ 68\ 69\ 70\ 71\ 72\ 73\ 74\ 75\ 76\ 77\ 78\ 79 \cdots$$
$$67\times73 \quad 69\times71$$
$$65\times75$$
$$63\times77$$
$$61\times79$$

通过观察以上算式,十位相差 1,个位和是 10,可以按较大数的十位数为整十数(中间数)进行速算,差是较大数减整十数或整十数减较小数。

例 1 计算 37×43。

这样想 十位相差 1,个位和是 10,40 为中间数,差是 3。

$\quad 37\times43$
$=40^2-3^2$
$=1591$。

例 2 计算 89×71。

这样想 十位相差1,个位和是10,中间数是80,差是9。

89×71

$= 80^2 - 9^2$

$= 6319$。

思考

十位相差3,个位和是10,可以按中间数为标准数的方法来计算吗?

7.2 以100为中间数

例 1 计算 102×98。

这样想 以100为中间数,差是2。

102×98

$= 100^2 - 2^2$

$= 9996$。

这道题也可以这样计算:

102×98

$= (102-2) \times 100 - 2 \times 2$

$= 9996$。

两种算法思路不同，算法不同，以100为中间数计算比按"九十几乘一百零几"更直接。

例 2 计算 81×119。

这样想 中间数是100，差是19。

81×119
$= 100^2 - 19^2$
$= 9639$。

熟记 $19^2 = 361$。

这道题也可以这样计算：

81×119
$= (81+19) \times 100 - 19 \times 19$
$= 10000 - 361$
$= 9639$。

显然，这两种方法，以100为中间数计算更直接。

注意

在三位数相乘的计算中，以整百数为中间数可以计算许多题目。

视频微课 27

以中间数为标准数

7.3 以中间数为标准数计算十几乘十几

我们来观察：以中间数为标准数计算十几乘十几的示意图。

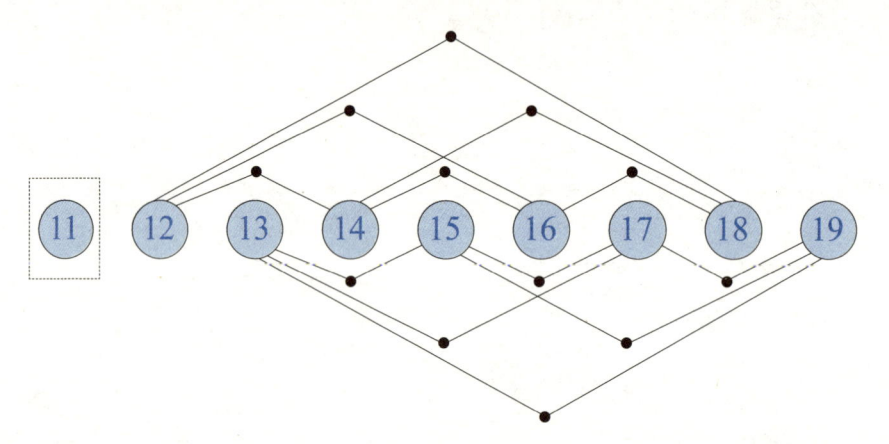

图中把乘11去掉，11与十几相乘，运用乘11的简便方法即可。

从上图中可以总结出：

在十几乘十几中，两乘数同为奇数或同为偶数，可以以中间数为标准数速算。中间数的个位数是两乘数个位和的一半。

这样的题目共12道，其中：

1. 属于"同头尾凑十"题型的有：12×18，13×17，14×16，15×15。这样的题目按："同头尾凑十"计算最简单。

2. 隔数相乘，很容易看出中间数的有：12×14，13×15，14×16，15×17，16×18，17×19。（其中14×16是"同头尾凑十"。）

我们在第五章中已经研究了十几乘十几的速算方法，以上方法（包括熟记的 $11^2 \sim 19^2$）有助于进一步提高运算速度。

以两个因数的中间数为标准数进行计算 第7章

例 1 计算 (1) 17×19　(2) 18×16

这样想 这两道题都是隔数相乘，中间数是两乘数中间的数，差为1。

(1) 17×19
      $=18^2-1^2$
      $=323$。

(2) 18×16
      $=17^2-1^2$
      $=288$。

例 2 计算 (1) 12×18　(2) 13×19

这样想 (1) 题两偶数相乘，且是"同头尾凑十"。(2) 题两奇数相乘，中间数的个位是 $(3+9) \div 2 = 6$，差是 $9-6$（或 $6-3$）$=3$。

(1) 12×18

[方法一] $12 \times 18 = 216$。

[方法二] 12×18
        $=15^2-3^2$
        $=225-9$
        $=216$。

> 想一想：不应该是 19−16 吗？为什么是 9−6 了呢？

注意

按"同头尾凑十"计算更简单。

(2) 13×19
$= 16^2 - 3^2$
$= 256 - 9$
$= 247$。

> 我能快速计算 33×29：
> $33 \times 29 = 31^2 - 2^2 = 961 - 4 = 957$。
> 这是因为我知道 $31^2 = 961$。

> 我记住了 $47^2 = 2209$，我可以算：
> $46 \times 48 = 2209 - 1 = 2208$，
> $45 \times 49 = 2209 - 4 = 2205$。

> 通过这章的学习，我知道了可以以中间数速算许多题目，还进一步懂得一道题可以有多种速算方法，我们要选择更简单的方法。在第五章中，我们研究了适用于十几乘十几所有题目的速算方法，现在又知道其中一些题按"同头尾凑十"和"以中间数为标准数"计算更简单。

> 不断地进行归纳总结，掌握的运算技巧越多，越灵活运用，计算速度也越快。

练习题二十一 （答案在141页）

1. 选择恰当的方法速算：

   （1） $29 \times 31 =$ （2） $77 \times 83 =$

   （3） $56 \times 64 =$ （4） $23 \times 37 =$

   （5） $67 \times 73 =$ （6） $98 \times 102 =$

   （7） $87 \times 113 =$ （8） $72 \times 68 =$

   （9） $82 \times 118 =$ （10） $94 \times 106 =$

2. 选择恰当的方法速算：

   （1） $15 \times 13 =$ （2） $16 \times 14 =$

   （3） $16 \times 18 =$ （4） $17 \times 19 =$

   （5） $18 \times 12 =$ （6） $18 \times 14 =$

   （7） $19 \times 15 =$ （8） $12 \times 13 =$

3. 用多种方法速算 13×17。

本微型冰雕展的场地为正方形，占地面积为5776平方米。

这个正方形的场地的边长是多少米？

求完全平方数的平方根

第 8 章

已知一个两位数的平方数，求这个两位数。通过逆向思维，运用逆推法，"看两眼"：一看十位前的数，二看个位数，即看出完全平方数的平方根。

例如，边长是两位数的正方形，面积是 5329 平方厘米，可以马上得出边长是 73 厘米。

求完全平方数的平方根，是指已知一个数的平方数，求这个数，是求一个数的平方数的逆运算。在本章中，我们只研究已知一个两位数的平方数，求这个两位数。

已知一个正方形的面积是9，它的边长是多少？

也就是 $a^2=9$，我们马上可得出：$a=3$（因为 $3×3=9$），它的边长是3。

同样可以很快算出：

当 $a^2=16$ 时，$a=4$；

当 $a^2=81$ 时，$a=9$。

也就是说，当 a 是一位数时，$a^2 \leqslant 81$，我们运用九九乘法口诀，立刻得出 a 的值。

a 是两位数，已知 a^2，求 $a=$？这样的题怎样算呢？

最小两位数的平方数 $10×10=100$，最大两位数的平方数 $99×99=9801$。a^2 可以是 100～9801 的三位数或四位数。

例如，如右下图所示，边长是两位数的正方形，面积是5776平方厘米，边长是多少厘米？

也就是 $S=a^2=5776$，求 $a=$？

可以这样求出：

(1) 看5776十位前的数位上的57，57介于 7^2（$7×7=49$）和 8^2（$8×8=64$）之间，所以这个数应该是70多，也就是它十位上的数是7。

(2) 5776的个位数是6。我们想到：有两个一位数平方的末位是6，$4^2=16$ 和 $6^2=36$，所以这个数的个位可能是4，也可能是6。也就说，这个数可能是74，也可能是76。

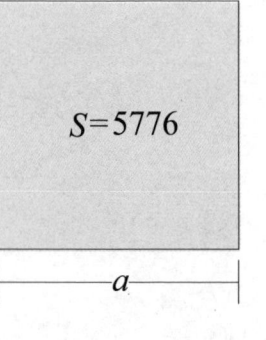

(3) 将原数 5776 与 75^2 进行比较：75^2=5625（看到 75^2 我们立刻得出 5625)，5776>5625，所以这个数是 76。

解答：a=76，即这个正方形的边长是 76 厘米。

又如，一个两位数的平方数是 3481，这个两位数是多少？

这样算：

(1) 3481 十位前数位上的 34 介于 5^2（5×5=25）和 6^2（6×6=36）之间，所以这个两位数的十位数是 5。

(2) 3481 的个位数是 1，1^2=1，9^2=81，所以这个数的个位可能是 1 或者 9。

(3) 3481 比 55^2（3025）大，所以这个两位数的个位是 9。

验证一下：59×59，25+9=34，9×9=81，3481 和原平方数相同。

解答：这个两位数是 59。

在中学里，学习开方，知道以上两题是求算术平方根。

已知一个两位数的平方数，求这个两位数。

计算方法

看完全平方数十位前数位（千位、百位）上的数是介于哪两个连续自然数的平方数之间，平方根十位上的数就是连续自然数的较小数。

看完全平方数的个位是几。如果是 5，平方根的个位数就是 5。如果不是 5，平方根的个位可能是两个数。如下所示：

$1^2=1$

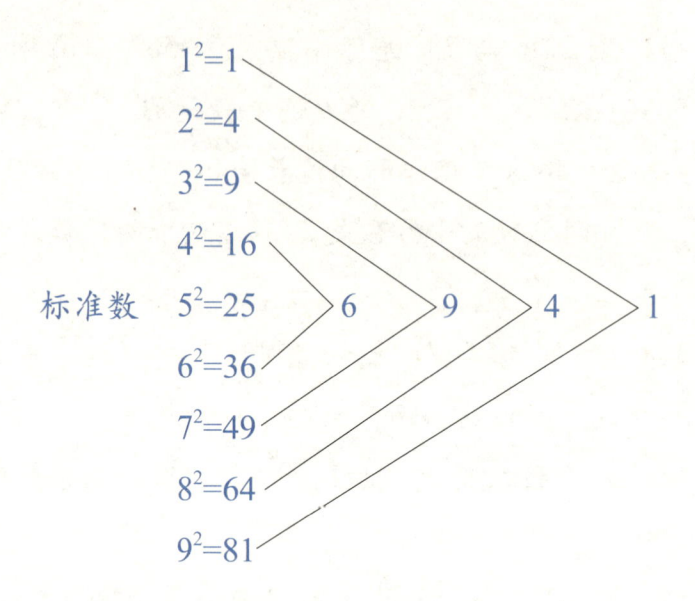

$2^2=4$

$3^2=9$

$4^2=16$

标准数 $5^2=25$ > 6 > 9 > 4 > 1

$6^2=36$

$7^2=49$

$8^2=64$

$9^2=81$

将这个完全平方数与已确定的平方根十位上的数和个位是否为 5，即几十五的平方数做比较。如果完全平方数比几十五的平方数小，则平方根的个位是 1～4 的数；如果完全平方数比几十五的平方数大，则平方根的个位是 6～9 的数。

例题讲解

例 1 求完全平方数 529 的平方根。

这样想 （1）529 的百位上的 5 介于 2^2（4）和 3^2（9）之间，平方根十位上的数是 2。

（2）529 的个位数是 9，$3^2=9$，$7^2=49$，平方根的个位数是 3 或 7。

（3）$529 < 25^2$（625），所以平方根个位数是 3。

解答：$\sqrt{529}=23$。

例 2 已知边长是两位数的正方形,面积是 7396 平方米,求边长。

这样想 (1) 7396 千位百位上的 73 介于 8^2 (64) 和 9^2 (81) 之间,平方根十位数是 8。

(2) 7396 的个位是 6,$4^2=16$,$6^2=36$,平方根的个位上的数是 4 或 6。

(3) 7396 大于 85^2 (7225),则平方根个位数是 6。

解答:边长是 86 米。

例 3 已知边长是两位数的正方形,面积是 3025 平方米,求边长。

这样想 [方法一] 3025 十位前的 30 介于 5^2 (25) 和 6^2 (36) 之间,平方根的十位数是 5;3025 的个位是 5,平方根的个位数就是 5。

[方法二] 如果熟悉 $55^2=3025$,那么立刻知道 3025 的平方根是 55。

解答:边长是 55 米。

> 真容易!求完全平方数的平方根用逆推法看一看就知道。

求熟悉的平方数的平方根就更快啦。$\sqrt{1225}=35$，$\sqrt{5625}=75$，$\sqrt{9025}=95$。

视频微课 28

已知一个两位数的平方数，求这个两位数

练习题二十二 （答案在142页）

1. 下列各数是两位数的平方，求这个数。

    （1）361　　　　　　　（2）225
    （3）289　　　　　　　（4）324

2. 下列各数是两位数的平方，求这个数。

    （1）784　　　　　　　（2）5476
    （3）7225　　　　　　（4）4761

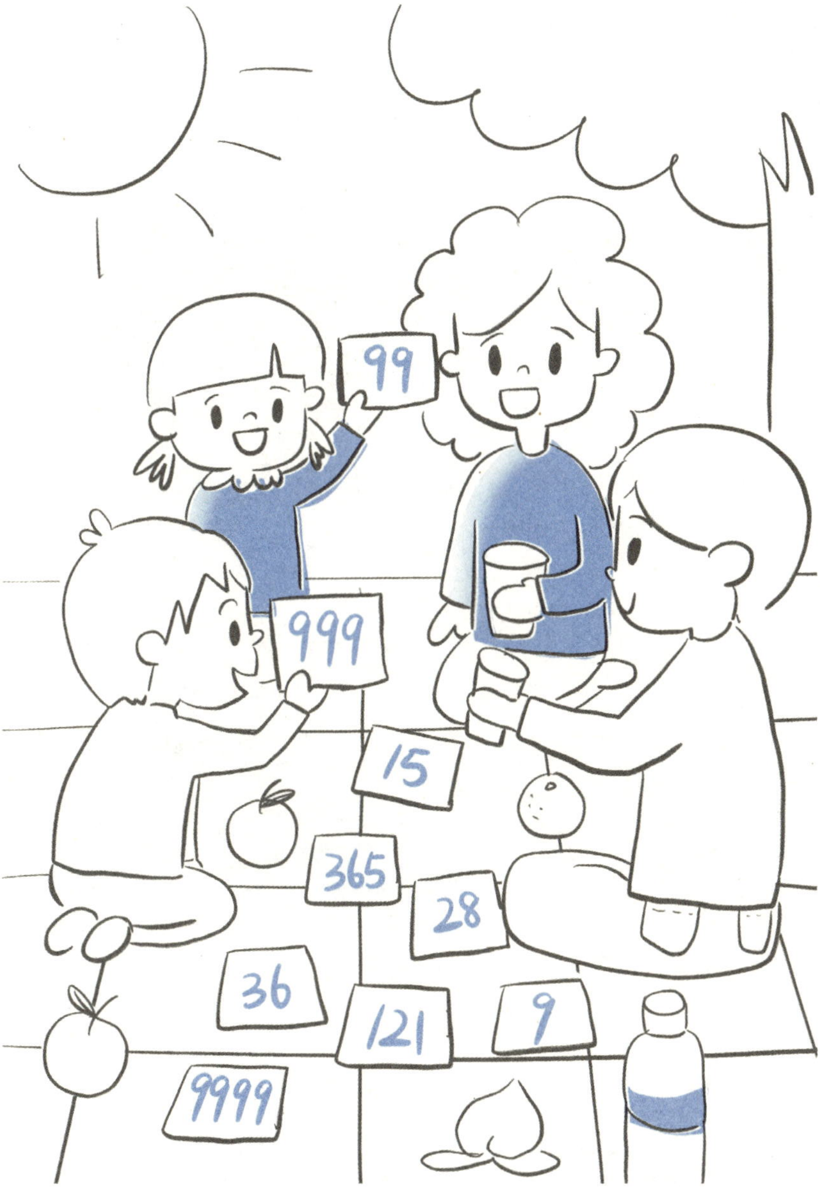
99
999
15
365
28
36
121
9
9999

正方体的边长是多少?

体积为343立方米

求完全立方数的立方根

第 9 章

已知一个两位数的立方数，求这个两位数。如同上一章，通过逆向思维，运用逆推法，"看两眼"：一看百位前的数，二看个位数，即可看出完全立方数的立方根。

例如，棱长是两位数的正方体，体积是 493039 立方毫米，马上得出棱长是 79 毫米。

求一个完全立方数的立方根，是指已知一个数的立方数，求这个数，是求一个数立方数的逆运算。在本章中，我们只研究已知一个两位数的立方数，求这个两位数。

已知一个正方体的体积是 8，它的棱长是多少？也就是 $a^3=8$，我们马上可求出：$a=2$（因为 $2×2×2=8$），它的棱长是 2。

这显然需要我们熟记 1~9 的立方数：

$1^3=1$　　　　　　$2^3=8$　　　　　　$3^3=27$
$4^3=64$　　　　　　$5^3=125$　　　　　$6^3=216$
$7^3=343$　　　　　$8^3=512$　　　　　$9^3=729$

你注意到了吗：1~9 这 9 个数字在 1~9 的立方数的尾数中都只出现过一次。这一点很重要，能帮助我们求完全立方数的立方根。

> 1，4，6，9 的立方数的个位数还是 1，4，6，9；而 2，3，5，7，8 的立方数的个位数分别是它们的补数 8，7，5，3，2。

> 找到这些规律能帮助我们又快又准地记住 1~9 的立方数。
> 善于找规律，无论是在数学研究中还是生活中都非常重要。

视频微课 29

抓住特点，熟记 1 ~ 9 的立方数

我们记住 1 ~ 9 的立方数，可以很快算出：

$a^3=343$，$a=7$。

$a^3=729$，$a=9$。

已知两位数的立方数，怎样求这个两位数呢？首先要知道最小的两位数的立方数是 $10^3=1000$，最小的三位数的立方数 $100^3=1000000$，两位数的立方数是大于等于 1000，小于 1000000 的四位数或五位数或六位数。

例如，如果棱长是两位数的正方体，体积是 21952 立方米，棱长是多少米？如下图所示。

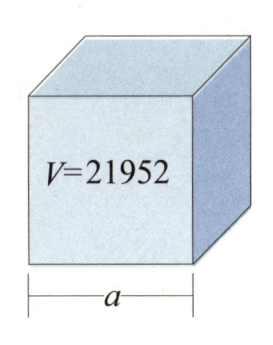

这样算

(1) 21952 百位前数位上的 21 介于 2^3 (8) 和 3^3 (27) 之间，那么这个两位数是 20 多，十位上就是 2。

(2) 21952 的个位数是 2，$8^3=512$ 的个位是 2，这个两位数的个位是 8。

验证：28×28×28=21952，计算正确。

解答：棱长是 28 米。

又如：一个两位数的立方数是 636056，这个数是多少？

这样算 （1）看 636056 百位前数位上的 636 是介于 8^3=512 和 9^3=729 之间，这个两位数十位上的数是 8。

（2）636056 的个位是 6，6^3=216 的个位是 6，所以，这个两位数的个位是 6。

解答：这个两位数是 86。

已知一个两位数的立方数，求这个两位数。

计算方法

先看完全立方数百位前数位上的数是介于哪两个连续自然数的立方数之间，立方根十位上的数就是连续自然数的较小数。

再看立方数个位是几，和 1～9 的立方数相对照，和哪个数立方的个位数相同，立方根的个位就是那个数。

例题讲解

例 1 一个两位数的立方数是 103823，求这个数。

这样想 103823 的百位前数位上的 103 介于 4^3=64 和 5^3=125 之间，立方根十位上是 4。103823 的个位是 3，7^3=343，立方根个位数是 7。

解答：$\sqrt[3]{103823}$ =47。

这个数是 47。

求完全立方数的立方根 第9章

例 2 体积是 389017（cm）³ 立方体盒子的两位数棱长是多少？

这样想 389017 的百位前是 389，389 介于 7^3（343）和 8^3（512）之间，立方根十位是 7。389017 的个位是 7，$3^3=27$，立方根个位数是 3。

解答： 体积是 389017（cm）³ 立方体盒子的棱长是 73 cm。

视频微课 30

已知两位数的立方数，求这个两位数

练习题 二十三 （答案在 142 页）

1. 下列各数是一位数的立方数，求这个数。
   （1）216　　　　　　　（2）343
   （3）512　　　　　　　（4）729

2. 下列各数是两位数的立方数，求这个数。
   （1）50653　　　　　　（2）778688
   （3）148877　　　　　（4）262144

练习题答案

练习题一

1. 标准数是100

已知数	23	47	8	108	117	84	99
补 数	77	53	92			16	1
剩余数				8	17		

2. (1) 100−68=32　　　　　　(2) 100−54=46

　 (3) 1000−823=177　　　　(4) 1000−732=268

　 (5) 10000−4873=5127　　(6) 10000−1228=8772

　 (7) 3600−4=3596　　　　(8) 6700−84=6616

练习题二

1. (1) 5×37=185　　　　　　(2) 86×5=430

　 (3) 624×5=3120　　　　　(4) 5×461=2305

　 (5) 5431×5=27155　　　　(6) 5×1234=6170

2. (1) 80÷5=16

　 (2) 98÷5=19……3　($19\frac{3}{5}$ 或 19.6)

　 (3) 139÷5=27……4　($27\frac{4}{5}$ 或 27.8)

　 (4) 315÷5=63

　 (5) 4423÷5=884……3　($884\frac{3}{5}$ 或 884.6)

　 (6) 7180÷5=1436

练习题三

1. (1) $64 \times 25 = 1600$ (2) $87 \times 25 = 2175$
   (3) $25 \times 48 = 1200$ (4) $124 \times 25 = 3100$
   (5) $25 \times 252 = 6300$ (6) $25 \times 809 = 20225$

2. (1) $700 \div 25 = 28$
   (2) $321 \div 25 = 12 \cdots\cdots 21$ ($12\frac{21}{25}$ 或 12.84)
   (3) $950 \div 25 = 38$
   (4) $467 \div 25 = 18 \cdots\cdots 17$ ($18\frac{17}{25}$ 或 18.68)
   (5) $512 \div 25 = 20 \cdots\cdots 12$ ($20\frac{12}{25}$ 或 20.48)
   (6) $1203 \div 25 = 48 \cdots\cdots 3$ ($48\frac{3}{25}$ 或 48.12)

练习题四

1. (1) $16 \times 11 = 176$ (2) $11 \times 24 = 264$
   (3) $11 \times 86 = 946$ (4) $97 \times 11 = 1067$

2. (1) $431 \times 11 = 4741$ (2) $11 \times 326 = 3586$
   (3) $11 \times 833 = 9163$ (4) $576 \times 11 = 6336$

3. (1) $396 \div 11 = 36$ (2) $495 \div 11 = 45$
   (3) $737 \div 11 = 67$ (4) $517 \div 11 = 47$

练习题五

1. (1) $7 \times 99 = 693$ (2) $99 \times 4 = 396$
   (3) $999 \times 8 = 7992$ (4) $4 \times 9999 = 39996$
   (5) $9 \times 55 = 495$ (6) $9 \times 444 = 3996$

2. (1) 68×99=6732　　　　　　(2) 99×24=2376
   (3) 73×99=7227　　　　　　(4) 853×999=852147
   (5) 999×241=240759　　　　(6) 7171×9999=71702829
3. (1) 67×999=66933　　　　　(2) 14×999=13986
   (3) 99×6=594　　　　　　　(4) 999×8=7992
   (5) 345×9999=3449655　　　(6) 9999×21=209979
4. (1) 17×9=153　　　　　　　(2) 9×24=216
   (3) 9×43=387　　　　　　　(4) 62×9=558
   (5) 456×99=45144　　　　　(6) 99×721=71379

练习题六

(1) 12×12=144　　　　　　　(2) 13×13=169
(3) 14×13=182　　　　　　　(4) 17×16=272
(5) 15×16=240　　　　　　　(6) 16×19=304
(7) 17×12=204　　　　　　　(8) 19×19=361

练习题七

(1) 92×97=8924　　　　　　　(2) 93×98=9114
(3) 95×96=9120　　　　　　　(4) 94×99=9306

练习题八

(1) 105×107=11235　　　　　 (2) 104×103=10712
(3) 106×108=11448　　　　　 (4) 103×109=11227

练习题九

(1) 92×107=9844　　　　(2) 108×93=10044

(3) 97×105=10185　　　(4) 109×99=10791

(5) 103×92=9476　　　　(6) 98×106=10388

练习题十

1．(1) 26×15=13×(2×15)=390

(2) 35×14=35×2×7=490

(3) 45×18=45×2×9=810

(4) 48×55=24×(2×55)=2640

(5) 80×35=40×(2×35)=2800

(6) 65×44=65×2×2×11=2860

　　或 =13×11×2×(2×5)=2860

2．$75 \times \begin{cases} 12=75\times4\times3=900 \\ 48=75\times4\times12=3600 \\ 88=75\times4\times22=6600 \\ 16=75\times4\times4=1200 \\ 96=75\times4\times24=7200 \end{cases}$

练习题十一

1．(1) 15×15=225　　　　(2) 25×25=625

(3) 35×35=1225　　　(4) 45×45=2025

(5) 55×55=3025　　　(6) 65×65=4225

(7) 75×75=5625　　　　(8) 85×85=7225

(9) 95×95=9025

2．(1) 52×58=3016　　　(2) 36×34=1224

(3) 81×89=7209　　　(4) 67×63=4221

(5) 76×74=5624　　　(6) 24×26=624

3．47×43

练习题十二

1．(1) 66×28=1848　　　(2) 37×22=814

(3) 88×82=7216　　　(4) 55×19=1045

(5) 42×66=2772　　　(6) 32×38=1216

2．共 81 道"合十重复数"算式，其中有 9 个是"同头尾凑十"。

3．44×19=836，44×28=1232，44×37=1628，44×46=2024，44×55=2420，44×64=2816，44×73=3212，44×82=3608，44×91=4004，共 9 道算式。

练习题十三

1．(1) 62×42=2604　　　(2) 93×13=1209

(3) 78×38=2964　　　(4) 24×26=624

(5) 87×27=2349　　　(6) 64×77=4928

2．只有 1 个算式：28×88。

练习题十四

1. (1) $21 \times 91 = 1911$　　　　(2) $61 \times 21 = 1281$
   (3) $71 \times 21 = 1491$　　　　(4) $31 \times 91 = 2821$

2. 共9道算式。$51 \times 11 = 561$，$51 \times 21 = 1071$，$51 \times 31 = 1581$，$51 \times 41 = 2091$，$51 \times 51 = 2601$，$51 \times 61 = 3111$，$51 \times 71 = 3621$，$51 \times 81 = 4131$，$51 \times 91 = 4641$。

练习题十五

1. (1) $56 \times 45 = 2520$　　　　(2) $63 \times 34 = 2142$
   (3) $18 \times 78 = 1404$　　　　(4) $27 \times 89 = 2403$

2. 共8道算式。$72 \times 12 = 864$，$72 \times 23 = 1656$，$72 \times 34 = 2448$，$72 \times 45 = 3240$，$72 \times 56 = 4032$，$72 \times 67 = 4824$，$72 \times 78 = 5616$，$72 \times 89 = 6408$。

练习题十六

(1) $42^2 = 1764$　　　　(2) $43^2 = 1849$
(3) $37^2 = 1369$　　　　(4) $34^2 = 1156$
(5) $35^2 = 1225$　　　　(6) $31^2 = 961$

练习题十七

(1) $54^2 = 2916$　　　　(2) $59^2 = 3481$
(3) $62^2 = 3844$　　　　(4) $64^2 = 4096$
(5) $55^2 = 3025$　　　　(6) $61^2 = 3721$

练习题十八

(1) $94^2=8836$ (2) $96^2=9216$

(3) $83^2=6889$ (4) $87^2=7569$

(5) $95^2=9025$ (6) $81^2=6561$

练习题十九

1. (1) $104^2=10816$ (2) $107^2=11449$

   (3) $112^2=12544$ (4) $119^2=14161$

   (5) $115^2=13225$ (6) $101^2=10201$

2. (1) $54^2=2916$ (2) $37^2=1369$

   (3) $92^2=8464$ (4) $83^2=6889$

   (5) $44^2=1936$ (6) $108^2=11664$

   (7) $114^2=12996$ (8) $64^2=4096$

   (9) $61^2=3721$ (10) $75^2=5625$

练习题二十

1. (1) $72^2=5184$ (2) $73^2=5329$

   (3) $36^2=1296$ (4) $58^2=3364$

   (5) $62^2=3844$ (6) $97^2=9409$

   (7) $85^2=7225$ (8) $109^2=11881$

   (9) $118^2=13924$ (10) $93^2=8649$

2. 你能用几种方法算 41^2 ？

   [方法一] 25−9=16，9×9=81，1681。（四十几平方数简算法）

[方法二] 4×4=16，4+4=8，1，1681。（几十一乘几十一）

[方法三] $40^2+40×2+1=1681$（比 40 多 1）

[方法四] $2001+(2×1-10)×40=1681$（通用法）

[方法五] $(41+1)×40+1^2=1681$（以 40 为标准数计算）

[方法六] $(41-9)×50+9×9=1681$（以 50 为标准数计算）

……

练习题二十一

1. (1) $29×31=30^2-1=899$

   (2) $77×83=80^2-3^2=6391$

   (3) $56×64=60^2-4^2=3584$

   (4) $23×37=30^2-3^2=851$

   (5) $67×73=70^2-3^2=4891$

   (6) $98×102=100^2-2^2=9996$

   (7) $87×113=100^2-13^2=9831$

   (8) $72×68=70^2-2^2=4896$

   (9) $82×118=100^2-18^2=9676$

   (10) $94×106=100^2-6^2=9964$

2. (1) 15×13=195　　(2) 16×14=224

   (3) 16×18=288　　(4) 17×19=323

   (5) 18×12=216　　(6) 18×14=252

   (7) 19×15=285　　(8) 12×13=156

3. 用多种方法速算 13×17。

   [方法一] "同头尾凑十"，221。

[方法二] 以中间数 15 为标准数，$15^2-2^2=221$。

[方法三] 以 10 为标准数，$(13+7)×10+3×7=221$。

[方法四] 以 20 为标准数，$(13-3)×20+3×7=221$。

练习题二十二

1. (1) 19   (2) 15   (3) 17   (4) 18

   (逆用熟记的 11～19 的平方数)

2. (1) 28   (2) 74   (3) 85   (4) 69

练习题二十三

1. (1) 6   (2) 7   (3) 8   (4) 9

2. (1) 37   (2) 92   (3) 53   (4) 64

参 考 书 目

[1] 刘开云，李燕燕，王毅 . 一学就会的闪算 [M] . 北京：电子工业出版社，2014.9.

[2] 亚瑟·本杰明，迈克尔·谢尔默 . 生活中的魔法数学 [M] . 北京：中国传媒大学出版社，2009.7.

[3] 刘后一 . 算得快 [M] . 北京：中国少年儿童出版社，2004.1.

[4] 柳强殷 . 超右脑 19×19 口诀 [M] . 天津：天津教育出版社，2006.3.

[5] 魏德武，过水根 . 神奇速算 [M] . 福州：福建人民出版社，2010.1.

[6] 健本聪 . 快速提高计算力 [M] . 海口：南海出版公司，2010.1.

[7] 高桥清一 . 有趣的印度数学 [M] . 长沙：湖南科学技术出版社，2010.6.

[8] 瓦利·纳瑟 . 风靡全球的心算法：印度式数学速算 [M] . 北京：中国传媒大学出版社，2010.3.

《小学数学核心知识》（共3册） 李燕燕 刘开云 李慧玲 主编
电子工业出版社2021年4月出版。

本书围绕小学数学核心知识，共分五部分：数与运算、量与测量、空间与图形、解决问题和统计与概率，完整地梳理了小学阶段所学的数学知识，逐章节详细地讲解了"核心知识""概念介绍""例题讲解"和"综合提高"四大板块内容。

本书所选素材新颖，内容翔实，既有基础知识，又突出思维拓展，在重视研究过程的同时，也给出完整结论；既有学习方法的指导，又提供创新思维的空间，将所学知识与现实生活相融合，在潜移默化中培养学生用数学解决实际问题的能力。

本书是教师教学的小锦囊，为教学提供鲜活的素材；是家长辅导孩子学习的小帮手，为家长提供适合的助学方法；更是学生学习过程中的小伙伴，为不同层次学生的需要提供学习内容。

《一学就会的闪算》 刘开云 李燕燕 王毅 编著

电子工业出版社2014年9月出版，至2020年12月，已印刷27次。

书中每节都有生活实际中解决问题的事例，素材新颖，体现了数学服务于生产和生活。

如有需要，敬请垂询：
贾贺 2220510762@qq.com，13911406923 微信同步